世界32個城市咖啡館
Coffee,Please!!

用咖啡擴展旅行版圖！

咖啡館對巴黎人來說是「移動的家」，可以是閱讀、會友，也可以是邂逅與歇息的地方。對於是不是左岸的咖啡館，巴黎人可一點都不在乎，外來客會不會太多或許會是選擇咖啡館的考量之一，但是不是自在隨意才是重點。

墨爾本的雅痞街(Chapel Street.)是獨領風騷的流行之區。這條街上，充斥著各種主題咖啡館和餐廳，來這裡喝咖啡或用餐的客人，都是開著保時捷、法拉利或雙B高級轎車的時髦男女。

在伊斯坦堡的傳統咖啡館內，可以看到當地男性一邊喝咖啡、一邊輪流抽著水煙。土耳其人喝咖啡時，喜歡一小口、一小口地啜飲，並且融入政治、八卦或占卜……等各種話題，因此只要一杯小小的咖啡，就足以消磨半天或一整天的時光。

印度人本來是喝茶的民族，然而喝咖啡卻被他們視為時髦的象徵。當地人喝咖啡，對於咖啡的品質並不要求，倒是跟誰坐在一起喝咖啡？在哪喝咖啡才是最重要的！

走在starbucks起源地西雅圖的街上，看到幾乎每個人都只空下了一隻手，因為另外一隻手總是握著咖啡……

旅行中的咖啡館是當地生活的縮景舞台，讓旅人疲累的時候可以歇腳，讓遊人恣意觀賞街頭人潮的流動，更是咖啡迷一站站朝聖的目標。

這本書呈現了世界32個城市咖啡文化、經過歷史洗鍊的經典咖啡館，讓世界不同的咖啡香一一擴張你的旅行版圖！

主編　劉育孜

Contents 目錄

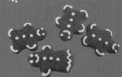

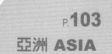

作者群介紹

王瑤琴
咖啡是我旅行時最親密的友伴，不喝咖啡令我感覺孤單，喝過咖啡之後，生活更有飽足感。

蘇皇寧
古人告誡「不役於物」，我可是徹底被咖啡役到不行，不。喝。會。死。

陳翠霏
法國人早上沒有「一碗」咖啡是無法醒來的，而我，沒有咖啡將會有一整天頭痛的厄運。

陳慶祐
咖啡就是——城市生活的興奮劑、調整時差的好幫手。

魏國安
到咖啡廳的我，只為咖啡的色與香、咖啡廳的座椅與音樂，只想進入咖啡的幻想世界。

顧運達
因為有了咖啡這個世界的共同語言，讓我們在旅程上不孤單，生活多些樂趣。

張婉娜
咖啡像男朋友，不一定要嫁給他，卻不能沒有他。

李清玉
我喜歡喝咖啡。獨飲、或跟好友一起；佐以香甜的蛋糕、或就是單純的一杯黑。

張懿文
完美奶泡卡布基諾最好，淡而無味美式咖啡也罷，對我這個重度咖啡因上癮者，只要有咖啡因的就是好咖啡。

林雅群
酸苦甜香的平衡點究竟在哪裡？找到那個平衡，是人生中多麼愉悅的時刻。

蕭慧鈺
用咖啡豆將對城市的依戀私藏在玻璃罐裡，在思念遠方時，以氤氳迷漫的水氣、濃郁的香味，重現那份最鮮明的回憶。

趙光華
冥想、放鬆、沈澱，「啡」它不可！

Norway

About 各國咖啡文化 Coffee

歐洲 EUROPE

Paris

Vienna

Brague

Budapest

Amsterdam

Norway

Malta

Riviera Côte d'Azur

Spain

Portugal

Rome

咖啡館對法國人而言是必須的，就像閱讀也是生活中的一部份。

PARIS

巴黎
Paris

管它左不左岸？自在最重要！

文字‧攝影：陳翠霏

在巴黎喝咖啡離不開兩種消費型態：外來人的遐想和本地人的依賴。

觀光客帶著些許朝聖心態，照著旅遊指南，跟隨著文人的腳步一家家的喝著咖啡，想像著西蒙波娃在咖啡館裡醞釀存在主義與愛情；海明威行走在咖啡館之間，寫著異鄉人的心情：伏爾泰，無法戒掉的咖啡癮……。時空與思潮交錯著，如今的咖啡館多了慕名的觀光客，卻沒少了巴黎人對咖啡館的依賴，這種早己約定俗成的型態。

▲館裡的畫作不只是裝飾，也代表著咖啡館的年代歷史與客群的喜好品味。

un café s'il vous plaît?!

麻煩你，一杯咖啡

初冬清晨6點多，天還未亮，獨居的Jacques在街角買了份世界報夾在腋下，在冷瑟的空氣中縮著頸子，走進離家門口最近的一家咖啡館讀他的報紙，吃他的早餐。這是他每天的例行公事，一杯咖啡、一塊可頌麵包很簡單，但他真正要的不是這些，是因為來到這裡，可脫離用整夜的體溫也溫熱不了的床與強烈的孤寂感。侍者正準備著餐廳裡一天所需的餐具，刀叉相互碰撞、吧檯的濃縮咖啡機正呼呼的流出暗褐色的汁液，咖啡香氣隨之撲鼻。這些由聲響、氣味構成的氛圍讓他安心不少。

下午3點，剛開始下的這場雨看來不會那麼快停。Gisele躲進了最近才剛重新裝潢的咖啡館裡點了杯Café au lait，想到好友P就住在這附近，她拿起手機撥了個電話給P，幾分鐘後，兩個人已經在咖啡館天南地北的聊起來了。隔壁桌的年輕小夥子等人等得有些不耐煩，聽她們在說最近的哪些展覽好看，他很自然地加入對話，說那個展覽的藝術家他也很欣賞，就這樣一場討論會開始上演。

咖啡館對巴黎人來說是「移動的家」，可以是閱讀、會友，也可以是邂逅與歇息的地方。對於是不是左岸的咖啡館，巴黎人可一點都不在乎，外來客會不會太多或許會是選擇咖啡館的考量之一，但是不是自在隨意才是重點。如果問巴黎人咖啡館是什麼？答案會很多：與朋友碰面的地方、曬太陽的地方、寫作、討論工作的地方，尋找生活哲學的地方。

想學法國人點咖啡：un café s'il vous plaît?! (麻煩你，一杯咖啡)。除非喜歡義式咖啡，否則送來的咖啡可能會讓人難堪，一小杯的Café expressos濃縮咖啡對法國人而言就是咖啡，而所謂的美式咖啡（Café alléger）是對付外國人用的，成分不變只是加上熱水，就不是真正的咖啡，所以通常不會寫在MENU裡，要點了才會有。咖啡牛奶（Café crème / Café au lait）算是女人的專利，大男人是很少點咖啡牛奶的，不信看看鄰桌的男人們，法國友人E如是說。

每家咖啡館是獨一無二的，即使像雙叟、花神這樣受歡迎的老店也不會想去開第二家一樣叫雙叟、花神的咖啡廳，理由很簡單，每間咖啡館有獨特的人文、歷史與客群，複製不來的。

Café alléger

Café alléger
Café crème

Café au lait

1 藍火車咖啡的香檳塔，就佇立在旋轉門一進來的入口處，往上延伸是富麗堂皇的圓頂彩畫，意味著舊時火車的終點站里昂地區的貴族氣息。

2 法國咖啡館普遍不講究使用華麗的茶、餐具，即使帶有色彩或圖案的咖啡杯也鮮少出現，全組純白的杯組反而可使氣氛更純粹。

3 花出現在咖啡館裡是近幾年來才有的事，多半是為了討好觀光客用的。

1

2

3

調色盤咖啡館牆面上的瓷磚拼畫，是以服務
生與那客人之間的關係為主題。

▲午餐前的片刻寧靜。在巴黎，這種圓桌
通常是放在外面的露天座位，調色盤咖
啡館裡的一長排圓桌看得出是專為情侶
設置的角落。

◀咖啡館保留原
有裝飾風格，招
牌已斑駁不堪，
反而增添了懷舊
復古風情。

▲有歷史的巴黎咖啡館，在靠街的座
位總會以布簾遮住，除了可遮光還
可增加座位的隱密性。

▲如果在巴黎喝咖啡看到這種專屬的店杯，表示
此咖啡廳不是歷史悠久就是很有名。

La Palette

▶這個位置就是統一左岸咖啡廣告裡女孩凝視著窗
外雨景的位置。

調色盤咖啡館的餐食也是非常有名的，每日
提供的午餐常常不先訂位就不會有位子。

◀ 藝術學校的師生常來調色盤咖啡館談論
藝術相關議題，餓了就叫份餐來吃，一
整天都待在咖啡館是常有的事。

Je m'en fous!

▶ 像調色盤咖啡館這樣舊式的裝潢風格正
在漸漸消失，取而代之的是帶有英式書
香的風格。

❀經典咖啡館❀

Café La Palette
調色盤咖啡館

🏠 43, Rue de Seine 75006 Paris
📞 01 43 26 68 15
🚇 地鐵4號線/ Saint Germain des Prés 站
　　或10號線/ Mabillon站
🕐 週一至週六早上8:00~凌晨2:00，週日休息

　　外面下著雨，女孩坐在靠窗的位置凝視著窗外，咖啡館裡的色調幽暗……。在早期統一左岸咖啡的CF廣告裡，當時的場景至今仍沒改變。與法國最高的藝術學府相距不遠，附近的藝廊、骨董商、美術書店是巴黎最主要的藝術交易區，藝術學院的師生彼此交流著對某某畫派的看法、藝術家與仲介討論著如何讓新作

在藝術界引起話題，在這樣富有藝術氣息的對話空間裡，空氣中彷彿嗅得出調色盤上顏料未乾的味道。

　　與其他同樣富盛名的咖啡廳比較起來，La Palette更保留了如藝術家般隨性不拘的風格。館裡滿是印象派的畫作，昏黃的燈光與木桌、木椅營造出來的氣氛，很難讓人不想點起一根煙，找靈感也好，與友人訴說心事或發呆也好，餓了點個簡餐吃，心情不好叫杯酒來解悶，不然酎咖啡也行，沒有人會打擾你。

　　侍者板著臉過來問你點什麼，隨後又會問你抽的是什麼牌子的煙？點什麼和抽什麼煙沒有任何關聯，但什麼牌子的煙會決定他要不要理你。薄荷淡煙？喔，我的前女朋友就抽這種煙，你要不要來點花生？請你。是啊，態度馬上不一樣，這樣一直板著臉的侍者在巴黎已是司空見慣，且已成為巴黎名咖啡館的招牌態度。冷淡待你可別難過，因為就連鄰桌的老夫婦，也一樣是受此「禮遇」，或許就該學學法國人的隨性，就像法國人常說的：Je m' en fous!（誰在乎啊！）

▶ 在法國尤其是鄉村，酒吧的比例比咖啡廳
多，兩個好兄弟幾乎形影不離，有賣咖啡
就一定有酒喝，甚至開胃酒、消化酒都
賣，花樣可比台灣的泡沫紅茶還多。

▶ 鏡子也是經典咖啡
館常用的裝飾手
法，也是服務生快
速察視客人的方式
之一，但新一代的
咖啡館卻不大用鏡
子來裝飾。

經典咖啡館

Le bar du Train Bleu
藍火車咖啡館

Place Louis Armand 75012 Paris

01 43 43 09 06

地鐵1,14號線或RER快速線A,D線Gare de Lyon站

週一至週五早上7:30-23:00，週末假日早上09:00-23:00

再過7分鐘火車就要進站，他看著錶又點了一根煙，整個人沈在皮沙發裡，說好了他們要在這裡碰面的，雖然搭TGV從里昂到巴黎也只不過2小時又多4分，但他還是不免緊張的擔心她不來赴約，躲到咖啡館來避免在月台上等不到人的尷尬，況且這裡又如此的隱密，可讓人心裡安定不少。

的確，在里昂車站二樓這個位置的「藍火車」，是容易讓人視而不見的。眼下，來往嘻嚷絡繹不絕的旅人來去匆匆，不知門路的是不會來藍火車的。如後花園般隱密且令人瞠目結舌、富麗堂皇裝飾的藍火車，歷史得要推算到百年去。在火車是皇宮貴族專用的交通工具那個年代，等著火車出發總是要有個像樣的地方，偏偏從里昂出發的火車盡是到法國最富有的城鎮，人稱 Le PLM (Paris巴黎- Lyon里昂- Méditerranée地中海)的路線，貴族當然也要好好地佈置這個驛站，而成為藍火車的前身。

嚴格說起來藍火車算是一家餐廳，附屬的酒吧Big Ben Bar 則是人說藍火車咖啡的所在地，看到這塊招牌進來就是了。

有如置身在皇宮的藍火車，像是一座還活著的皇宮，滿室極盡金碧輝煌的裝潢，以19世紀的美好年代(Belle Époque)裝飾風格著稱，深紅色的絨布窗簾，大紅色的地毯，搭配深棕色木質吧台、桌椅，還有愈磨愈能展現歲月痕跡的皮沙發椅，加上天花板上與壁面的彩繪壁畫，皆以火車沿站的風光為主要題材，如同本身是列豪華御用列車，南下往地中海貴族度假的沙灘方向前行。

藍火車迷人的地方不只是視覺的饗宴，餐廳的廚藝也頗能與另一個藍字輩的「藍帶」並駕齊驅，當然，隱密的空間與苦苦的咖啡自成令人安定、沈澱的配方，藍氏的甜點更是吸引許多慕名而來，搭乘這列豪華列車的旅客意猶未盡的祕密武器。

整個人沈進年代久遠的皮製沙發時，是一種放鬆與沈澱，會讓人忍不住點杯威士忌回憶美好時光。

暗紅大理石桌面與站立著的酒單，酒單上的酒精飲料總會讓人不知從何下手。

午夜時分，到達一個陌生的城市有間熱鬧的咖啡館和酒吧等著，總會讓人安心不少

座位探頭出去是另一片天，紅地□則是饗客的天堂。

🔺藍火車的餐廳美食常被日本人的豪華之旅納入必要的行程之一。這裡的甜點更是讓日本人讚不絕口的祕密武器。

來一趟藍火車就可一探19世紀法國貴族的奢華，在當時不是貴族是無法踏進一步的。

🔺藍火車佔地廣大，除了餐廳外還有一間間以非洲國家命名的房間，提供給需要更隱密空間的情侶或商業會談。

◀🔺說來奇怪，近幾年來巴黎咖啡館的座位正紛紛改裝成皮製沙發，或許就是想仿此風格的裝飾，但無論如何在皮面上磨出來的歷史痕跡是仿不了的。

如果時間允許，多花些生丁上來藍火車喝杯咖啡或酒，絕對值回票價；如果金錢允許，來這裡吃頓里昂美食一定會讓你想再回來。

經典咖啡館

Café Saint - Séverin
聖·賽芙琳咖啡館

🏠 3, place Saint Michel 75005 Paris

📞 01 43 54 19 36

🏃 地鐵4號線Saint-Michel站、10號線Cluny-La Sorbonne站或RER
快速線 B,C 線Saint-Michel站

🕐 全年無休，星期一～星期日，早上7點～凌晨2點

從咖啡館所在地的路口往下走，一路盡是應付觀光客的小餐館、紀念品店，越過熱鬧吵雜直到底處，一間不起眼且極可能被忽略的教堂就那裡，名為聖·賽芙琳的教堂，雖不是什麼有名的教堂，但對當地的居民而言，卻已成為生活中不可或缺的精神寄託。已有50年歷史，同樣以聖·賽芙琳為名的Café Saint-Séverin，當然不像教堂那麼神聖，卻也背負著使命，讓老是在觀光客活動陰影下的當地居名，還保有一處非常本土的咖啡廳。

處於拉丁區最熱鬧的地帶，從咖啡館的窗外看去，聖米歇爾廣場噴泉上方的雕像眼神就對著你看過來，另一邊對面就是拉丁區最大的Jibert 書店，招牌上名叫Jibert先生的頭像也朝你這邊望，

這樣焦點集中之處，在往館裡望去時，才發現天花板的水晶橘紅色吊燈，與巴黎正流行的Lounge式裝潢風格所營造的氣氛，暖暖的，會讓人想點杯熱巧克力鎮定下來，尤其在冷瑟的冬天。

玻璃屋簷下的空間留給「老」巴黎人。簡單的藤椅與圓桌，對喜歡向著窗外呆望的人已經足夠，一杯咖啡叫來，看著廣場上的人潮人往最能殺時間。年輕人喜歡在這裡啃著薯條吃簡餐，Lounge和現今的時尚總能沾上邊，還有設計新穎的餐具搭配，找女友一起來這裡用餐，一定可以加分。

◆所謂法式新貴style，就是像這個近年來巴黎咖啡館裡常見的水晶吊燈，散發的是高貴、豪華的光芒，但說也奇怪，這樣搶眼的燈飾，在Café Saint-Séverin 咖啡館卻一點也不突兀。

◆對於附近的大學教授或上班族，中午來這裡享受一頓簡餐，看看報紙讀讀書，是最享受的了。

▶全由透明玻璃搭架出來的空間，活像個路人觀察室。在這裡就可以清清楚楚地看到來自世界各地的觀光客：這是美國人，那是日本人，因為他們愛戴帽子。

Café
Saint Séverin

Patisseries
Cocktail

Glaces Berthillon
Crepes

△有愈來愈多的咖啡廳喜歡將空間延伸到人行道來，法國人愛陽光是出名的，尤其是冬日裡的陽光，外頭接近零度，裡頭有陽光又有暖氣，熱呼呼的一杯熱巧克力最能溫暖人心。

▶雖然是在人行道的空間，但算不算達建呢？別看這些打出去的空間或是露天咖啡的佔地，店家可要費力的申請執照，還要每個月照付房租給巴黎市政府呢，難怪露天咖啡總是比較貴。

△巴黎咖啡屋蓬的顏色總是離不開深紅、暗綠，而深棕或深紫的屋蓬加上金色字則是近年來大量被使用的色彩。

▶身手矯健是巴黎服務生的特色，如果多給他幾個生丁當小費，你就可以多賺幾個微笑。

▶只是進門的一角，隨意的擺放著的報紙、菜單，自成一個畫面。

◀坐在這麼舒適的皮沙發裡，再點杯啤酒或威士忌，外頭正飄著雪。可以想像那是多麼舒服嗎？

▶你知道嗎?吧台點的咖啡或酒會比做位子的價格便宜許多,許多人在上班前都會在吧台喝杯「三分鐘」咖啡,一口氣飲盡咖啡便走人。

▲Escalier咖啡館有著巴黎少見的建築結構,閣樓的空間隔離掉一般巴黎咖啡館的吵雜。

▼戶外露天的咖啡座椅設計比室內的新穎多了,當然也要防得起風吹日曬。

▲巴黎新改造的咖啡館有將吧台隱藏化的趨勢,即是將吧台的位置盡量往後縮,可是Escalier咖啡館將樓下一半的空間設成吧台,表示這裡的客群與其他咖啡館不同。

Escalier

▶牆壁上的畫作是會不定期更換的,也奇怪,客人一字坐開,似乎不想和這些畫做面對面。

▲雖然是禁煙,但……還是有煙灰缸,這是什麼道理?看來法國人得戒煙可沒像義大利人那麼有決心。

△像是魔法書走出來得白鬍子老爺爺，一個人喝著紅酒和侍者有一搭沒一搭的聊著，但或許他就是隔壁學校的教授。

▷平時這家咖啡就只有一個服務生在打點一切，除了煮咖啡、調酒，還要和客人討論政治或教育的嚴肅話題。

△從階梯的欄杆看下去，紫色的燈光與木製吧台形成一種極和諧卻帶點詭異的色彩。

Café Escalier
樓階咖啡館

🏠 105, rue du Faubourg Saint-Denis 75010 Paris

📞 01 48 00 83 44

🚶 地鐵4,5,7號線 Gare de l' Est站

🕐 星期一～六，早上7點～凌晨2點，星期日，早上8點～晚上9點

　　從巴黎東站出來，得要有點方向感才找得到樓階咖啡館，況且這區本來就不太安定，遊民、醉漢總在身邊打轉，要不向你要跟煙，不然就直接跟你要幾個生丁買酒去，在這些人的眼神裡，很難看到希望。

　　滿臉白鬍子，看起來不起眼的老頭子可能是位教授，站在吧台的盡頭，叫杯紅酒點根煙，就跟女服務生聊起來，內容盡是些哲學、思想和精神狀態那些讓人難以理解的東西。這裡的客人都很安靜，完全不像這區的中下、勞工階級，或許都是隔壁以心理、精神科系出名的巴黎七大師生吧？

　　我好奇的問著女服務生，為什麼這裡叫「樓階」，她說因為這裡有樓階啊！的確，大門一打開，一座木製的台階就引著你上樓，但這樣的結構在巴黎卻不多見，甚至可說稀有。因為上了樓的空間是樓中樓，一圈連著牆的座位，中間卻可往樓下望。女服務生張著大眼對著我眨著眨說，其實這裡以前是聖拉扎附屬醫院，樓上座位的地方都擺滿病床，方便樓下的醫生聽見樓上病人的動靜，才將房子蓋成如此怪異的格局，後來咖啡廳老闆買下這裡，覺得格局有趣也就保留了來。沒想到這樣的空間對聲音延展性特別好，也給了服務生方便，熟客在樓上向下喊：「我們要兩杯咖啡！」省下不少登樓的腳力。

　　牆上掛著一排色彩強烈與黑白攝影拼貼出來的畫作，與一個人來的客人對號入座，靜靜地點杯咖啡或酒，靜靜地看著書或讀著報紙，時間就在字裡行間靜靜地流逝著。

ESCALIER

Vienna

維也納是歐洲咖啡文化的始祖，到處都是可以坐下來喝咖啡的地方。

維也納
Vienna

喝咖啡不是時尚，而是生活習慣

文字‧攝影：王瑤琴

維也納的咖啡和音樂齊名，其咖啡歷史可以溯自3百多年前、奧圖曼土耳其人入侵歐洲，當時喜歡喝咖啡的土耳其人，揮軍進攻維也納、同時也將喝咖啡的風氣帶進此地。據說土耳其人撤退時，來不及將裝有咖啡豆的袋子帶走，使得咖啡文化在歐洲地區發揚光大。維也納咖啡文化雖然沿襲土耳其人，但是經過數百年的發展之後，已經創造出自我的風格和名聲。目前維也納咖啡(Vienna Coffee)，不僅是舉世聞名的咖啡代名詞，也是全球咖啡愛好者的朝聖地。

維也納人喝咖啡，並不是為了追求時尚，而是一種自然養成的生活習慣。當地人不只在家裡喝咖啡，也時常帶著一本書或報紙，就走到街角的咖啡館、坐上一整天。怪不得有人說：如果打電話給維也納人，而他不在家，那麼不是在咖啡館，即是於前往咖啡館的途中。

在維也納喝咖啡，當地人重視的並不是咖啡館的氣氛或裝潢，而是咖啡本身的味道；只有外來遊客才會選擇前往百年咖啡館、或名人咖啡館。維也納人喜歡的咖啡館，有的隱藏在街角的某個角落，有的則是咖啡專賣店所附設的、裡面沒有椅子，必須站著喝咖啡。

在維也納的傳統咖啡館，可以看到當地人一面喝咖啡、一面談論政治或聊天，此外，也有人聚精會神地看書或報紙，或是三、兩好友聚在一起玩牌或打撞球。這些咖啡館的常客多為退休老人，每當冬季期間、許多老人為了節省家裡的暖

▲在維也納，一面欣賞古蹟建築、一面品嚐咖啡的香氣，是旅途中最愜意的時刻。

◀吃過甜點以後，再喝一口白開水讓口感恢復純淨，更能品嚐維也納咖啡的原味。

氣，都會來到咖啡館喝咖啡兼取暖。

維也納人喝咖啡，以加入奶泡的米朗奇(Melange)咖啡、黑咖啡(Schwarzer)、以及黑咖啡加萊姆酒的艾斯班納(Einspanner)咖啡等為主。此外，喝咖啡時，喜歡搭配蛋糕或甜點一起飲用，因此大部分的咖啡館都供應種類繁多的糕點，有些咖啡館製作的糕餅，亦成為奧地利皇室御用的點心。

在維也納喝咖啡，可以看到侍者端來的咖啡旁邊附有一杯白開水、和一塊巧克力。當地人習慣吃過甜點或巧克力後，再喝一口白開水，使得嘴巴恢復純淨的口感，更能夠品嚐出咖啡的風味。

維也納的咖啡文化與現代生活融為一體，而咖啡館的風景也是當地最美麗的畫面。在維也納，沒有人不喝咖啡，而每個人都是咖啡館中的主角。

◀ 維也納的咖啡館無所不在,幾乎每棟古典建築物裡面都開設有大型咖啡館兼甜點專賣店。

▲ 模仿百水公寓設計的咖啡館,以扭曲的線條和地面裝飾,樹立獨特的風格。

▲ 外觀典雅的中央咖啡屋,是維也納咖啡文化的精神象徵。

◀ 位於聖米歇爾廣場邊的格林斯坦咖啡館,具有簡潔的現代感。挑高的屋頂搭配簡潔的牆面,構成一幅維也納咖啡館的風景。

Vienna Invites You ··················

Café Central
中央咖啡屋

🏃 搭乘環城電車1、2號在Burgtheater站下車，然後步行約8-10分鐘

🏠 Herrengasse14

📞 (01)533-37-6326

🕐 周一至周六08:00-20:00，周日10:00-18:00

　　來到維也納，不可以錯過中央咖啡屋；來到中央咖啡屋，不能不認識作家阿登博格(P.Altenberg)。

　　18-19世紀間，中央咖啡屋是維也納作家或音樂家尋找安慰與靈感之處，這些人包括心理學家佛洛伊德、心理小說家施尼支勒、作家阿登博格、音樂家貝多芬、舒伯特……等；其中以阿登博格最具代表，堪稱維也納第一位咖啡館作家。

　　有一天，尚未成名的阿登博格坐在中央咖啡屋看報紙、喝咖啡，因為有感而發所以即興寫下一篇詩文；當時小說家施尼支勒正巧走進這家咖啡館，無意間看到阿登博格的詩作，並且為之欣賞，於是便將他的詩作推薦給相關人士，使得阿登博格搖身變成維也納文壇最閃亮的作家。

　　中央咖啡屋不僅是作家阿登博格發跡之處，也是阿登博格長年寫作、會客和通訊的地點。目前來到中央咖啡屋，可以看見靠近門邊的座位上，有一尊阿登博格的座像，儼然成為咖啡館的經典招牌。

　　中央咖啡屋原本是費爾斯(Ferstel)公爵的宅邸，後來變成維也納文藝沙龍式咖啡館。這家咖啡館外觀為古典主義建築，裡面由一系列羅馬式圓柱，支撐著肋拱形的屋頂，找不到華麗或誇張的裝飾細節，只有建築物本身散發出來的幽深氣質。

　　中央咖啡屋裡面採用傳統的大理石小圓桌，屋頂中間垂掛著許多復古型吊燈，充滿沉澱而在幽暗的氛圍。坐在咖啡館內，啜飲著名的維也納咖啡─米朗奇(Melange)，感覺上似乎可以透過光影交疊的時空，與昔日的詩人藝術家或音樂家對談。

▲ 充滿文藝沙龍氣息的中央咖啡屋，是詩人或音樂家找尋靈感的所在。坐在中央咖啡屋，可以感覺到空氣中飄浮著濃得化不開的咖啡香。

1 擺設在人行道旁的露天餐館，也是啜飲維也納咖啡最方便的場所。

2 夏季期間，具有百年歷史的德梅爾咖啡館，也會在戶外擺設桌椅，讓客人坐在這裡喝咖啡、享用糕點。

3 薩荷飯店附設的咖啡館，牆壁上裝飾著許多名畫，充滿華麗的貴族氣息。在此喝咖啡搭配巧克力蛋糕，被視為一大享受。

4 維也納人常去的咖啡館，不一定是經典咖啡館，主要是以咖啡的品質和明亮的氣氛作為選擇。

5 在維也納市區的主要街道或廣場，到處都是可以喝咖啡兼曬太陽的露天咖啡館。

6 在維也納咖啡的連鎖專賣店，都設有可以站著喝咖啡的地方，吸引許多行家前往品嚐。

7 維也納的現代咖啡館，多以玻璃帷幕和落地窗為主要設計，受到當地上班族或年輕族群的青睞。

8 仿照百水公寓設計的建築物內，附設有吧台式咖啡館，可以在此喝咖啡、吃點心。

9 以製作皇家糕點聞名的德梅爾咖啡館，以不同主題的美麗糕點，裝飾透明的玻璃櫥窗，經常吸引路人駐足觀賞。

△在布拉格的舊城廣場,不僅可以看到不同風格的美麗房宅,也可以找到許多喝咖啡和歇腳的地方。

Prague

▶捷克的傳統房宅門扉上方,裝飾著可以轉動的木偶,變成咖啡館引人注目的招牌。

布拉格
Prague
彷彿置身童話世界裡喝咖啡

文字‧攝影：王瑤琴

　　布拉格到處都有咖啡館，其咖啡文化是16世紀所引進的；到了18、19世紀間，在布拉格城堡區、舊城區和查理士橋一帶，都陸續出現許多咖啡館。

　　在布拉格，本來聚集於咖啡館的常客，多為維也納貴族或名流。後來這些人逐漸變成捷克政治家、藝術家和知識份子，例如：存在主義先驅作家卡夫卡(Kafka)、李爾柯(Rilke)……等人；現在則被市井小民和遊客所取代。

　　自從東歐開放觀光以來，捷克首都─布拉格已經變成世人夢想的旅遊地。布拉格的魅力，來自中世紀風情的建築景觀，以及融合斯拉夫民族與波希米亞風的文化情調。位於布拉格的舊城區，堪稱為一座戶外建築博物館，屹立著許多洛可可式、巴洛克式、哥德式和文藝復興風格的建築物，外觀都佈滿粉嫩色彩。目前這些房宅都成為咖啡館、餐廳或紀念品店等。

　　在布拉格，擁有百年以上歷史的咖啡館很多，有的咖啡館還以名人命名。在布拉格喝咖啡、不必像維也納那般拘謹，因為捷克人生性爽朗，在咖啡館裡面笑得最大聲的都是本地人。捷克人食量比較大，喝咖啡時、喜歡搭配份量充足的糕點。所以布拉格的咖啡館，除了供應維也納咖啡、義大利咖啡和美式咖啡之外，還備有種類繁多的蛋糕和甜點。

　　除了開設在古蹟建築內的咖啡館，在布拉格舊城廣場、城堡區和幾條步行街，周遭都擺滿陽傘和露天咖啡座，隨時都可看到捷克人或遊客坐在這裡喝咖啡，並觀賞街頭藝人的表演。布拉格夜晚比白天多了幾分夢幻，坐在昏黃的燈光下，一邊喝咖啡、一邊欣賞舊城廣場、查理士橋和布拉格城堡的夜景，讓人有置身童話世界之感。

▲ 在布拉格，可以看到咖啡館的招牌和門面，都具有獨特的風格與創意。

▼ 布拉格的陶瓷專賣店，將各式各樣的咖啡杯和陶瓷裝飾於門扉上。

▲ 位於建築物角落的雕像與咖啡館的招牌，彷彿訴說著布拉格的咖啡故事。

◐ 位於舊城廣場周遭的中
世紀建築，都是咖啡館
和餐廳，是布拉格人氣
最旺的區域。

◐ 坐在舊城廣場的露天咖啡
座，一面喝咖啡、一面欣
賞中世紀建築美景，是遊
客心中最大的夢想。

◐ 位於布拉格火車總站二
樓的咖啡館，是新藝術
風格的代表作之一，也
是遊客喝咖啡、補充能
量之處。

Prague

◐ 在布拉格舊城區，到處可見具有新藝術風
格的咖啡館。

COFFEE

◐ 位於溫薩斯拉斯廣場邊的亞得里恩飯
店附設的咖啡館，以明亮的採光和現
代感取勝。

◐ 悠閒的午後，看著一對老夫婦坐在咖啡館的角落，品嚐
香醇的咖啡和美味的甜點，教人好不羨慕！

◐ 布拉格市民會館所附設的咖啡
館，充滿新藝術裝飾風格。

◐ 置身於馬賽克磁磚裝飾而成的咖啡館，彷彿回到中世紀的咖啡時光。

◀ 歐洲飯店附設的咖啡館，不僅是布拉格咖啡
文化的代表也是咖啡館經典建築。

◀ 歐洲咖啡館的裝飾風格，令人緬懷起新藝術
建築的黃金年代。

經典咖啡館

Hotel Evropa Café

🚇 搭乘地鐵A線在Mustek或Muzeum站下車，步行約1-3分
🏠 Vaclavske nam 25，Prague1
☎ 224-215-387
🕐 7:00-24:00

歐洲飯店所附設的咖啡館，這家飯店建於1903-1906年間，由班德梅爾、崔亞克兩位建築師共同設計，採用鍛鐵和玻璃等建材，融合繪畫、雕刻與幾何設計，是布拉格新藝術建築經典之作。

歐洲飯店雖然比較老舊，但是卻擁有精緻的陽台和許多鍍金飾件。位於底層的咖啡館大廳，建有挑高的橢圓形樓座，周圍環繞著一道木造與金屬鑲嵌的欄柵。坐在咖啡館一樓喝咖啡，可以360度環視整體建築風貌；坐在二樓喝咖啡，可以居高臨下俯看內部的格局和佈置。

新藝術建築風格源自巴黎，19-20世紀間風靡整個布拉格；這種裝飾風格的建築物，特色為優雅和流暢的線條，既簡潔又不失美感。從歐洲咖啡館的外觀，可以看到鍍金的招牌、守護女神雕像、女性與花朵的繪畫裝飾，都是新藝術風格的完整體現。

歐洲咖啡館並非歷史最古老的咖啡館，然而卻是布拉格黃金時期最有代表性的咖啡館，因此大部分的遊客，即使不住宿此處，也一定要到這裡喝咖啡或享用早餐。

坐在歐洲咖啡館裡面喝咖啡，重要的不是咖啡本身的滋味，而是擁有一段自我沉澱的時光。透過咖啡館的大門，看著街道上熙來攘往的觀光人潮，既可迷戀於淡淡苦苦的香氣之中，也可調整旅行的步伐，作為延續下一個旅程的動力。

Budapest

布達佩斯
Budapest
在咖啡香中回味風華過往

文字‧攝影：趙光華

在耀眼亮麗的多瑙河明珠─布達佩斯，說起咖啡，也和她許多壯麗建築一樣，有著令人動容的往事，飄散在空氣中濃郁的咖啡香，隱約透露出曾經風華絕代的繁華舊夢，現在，城裡的名咖啡館人潮依舊，只不過多了慕名而來的觀光客，真正懂咖啡的行家，最冀望的，就是能沈浸其中，品嚐出最原汁原味的歷史陳香！

遙想從前，圍攻維也納的土耳其部隊，為西歐敞開了咖啡文化的大門，但這些手持彎刀的回教徒，在早已統治多年的匈牙利人土地上，對於喝咖啡這檔事兒，卻沒有太深遠的影響，十字軍趕走他們之後，奧地利人接管了這片美麗的喀爾巴阡平原，奧匈帝國把西歐人的藝術品味與嗜好，帶進了帝國雙首都之一的布達佩斯，例如壯觀的國會大廈、國家歌劇院等重要建築，尤其是在1896年「匈牙利千禧年」後，布達佩斯驚天動地重現昔日璀璨的光芒，新城市風貌也包含了新興的咖啡館，文人雅士、社會名流，立即為這種新空間所著迷，輕嚐著香濃的新飲料─咖啡，一個人靜靜的冥想、看書、或是與朋友高談闊論……，很快地，中產階級也隨著雨後春筍般冒出的咖啡館，跟上了時髦的腳步，這些19世紀末開張的咖啡屋，多半是裝飾氣派的華麗風格，地毯、水晶吊燈、絨布窗簾、大理石桌面……！最具代表性的，就是極致奢華的New York Café及Café Gerbeaud，蛋糕、甜點都陳列在櫃臺精緻

在布達佩斯，品味濃濃的咖啡香，靜靜追憶美麗古城的逝水年華。

的櫥窗裡，依稀仍是百年前的模樣，在這飽經風霜的古城、這樣的歷史空間，一杯咖啡早已超越飲品的定義，倒像是閱歷豐富的說書人，引領大家細細品味古城堅韌的生命活力！

▲Spa是匈牙利人最喜愛的休閒活動，溫泉浴館鎮日人聲鼎沸，熱鬧非凡。

Budapest

▲Spa，是匈牙利的一大特色，泡在溫泉池裡下棋，更是最具代表性的經典畫面。

COFFEE NEWS

▶老城也會因創意的都市規劃而有了嶄新風貌，美食街Raday u.，新潮咖啡館林立，是咖啡迷必遊之地。

▲布達佩斯跟上了維也納時髦的腳步，

BUDA PEST

▶在古意盎然的布達城堡區，也有新潮的現代咖啡館，Café Miro的確很有米羅畫風的影子。

◀Central是典型的老咖啡館，有濃濃的人文氣息，也有巴黎左岸咖啡文化的味道。

Central

經典咖啡館
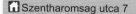

Ruszwurm

🏠 Szentharomsag utca 7
📞 3755284
🕐 每天9:00-21:00

　　一個中世紀就已經存在的空間，能烘焙出什麼樣的咖啡香呢？

　　入口精緻櫥窗裡展示著蛋糕、禮品盒、蛋糕盒、瓷器、一些古趣的小東西、牆上還掛著可愛的鐘……，中世紀時，這兒還是糕餅店的時候，剛出爐的招牌薑餅也在這吸引老饕上門呢！裡頭只幾張桌子，穹頂、壁爐、暖色系窗簾，家具據說是當年布達皇室御用師傅的作品，想必當年也是王宮貴族們的話題，來這，有家的溫馨感，也像是來拜訪老朋友，百年咖啡館小巧雅緻的精髓，都濃縮在小小的Espresso裡了！

🔺 要找尋中世紀就已經存在的咖啡空間，來Ruszwurm就對了，最好來杯Espresso，最能領略百年『濃縮』的咖啡風情。

經典咖啡館

Café Gerbeaud

🏠 Vorosmarty ter 7
📞 4299000
🕐 每天9:00-21:00

◀ 咖啡，可以濃烈、可以香醇、也可以一縷淡淡清香，當然，更可以華麗，來Café Gerbeaud，你就會明白。

　　理想的咖啡館似乎應該就像這樣，有些故事，有點年紀，裡頭飄散著歷史陳味，可以讓人靜靜追憶一個古城的逝水年華；高挑的大廳、核桃木壁板、大理石桌面、絲絨帷幕、紅地毯、一整排的水晶吊燈……，這宮廷式的極致華麗，正象徵布達佩斯新一波燦爛的開始，遙想當年都會新興中產階級、文化菁英在這暢談理想、政治、時尚……，或者，時空拉回現代，廣場上充滿街頭藝人、觀光客……，回味這再度充滿活力的城市，點心、蛋糕種類很多，咖啡極好，完全是百年招牌該有的味道。

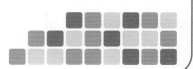

Amsterdam

阿姆斯特丹
Amsterdam
鍾情陽光、運河旁的咖啡時光

文字・攝影：趙光華

如果人氣影集「Sex and the City」場景搬來阿姆斯特丹，或許十分符合一般人對這個水都的城市印象，紅燈區、大麻、嬉皮天堂……，多樣的風貌使她像是個風情萬千的美婦人，而顛覆傳統又能與傳統共存似乎正是這個城市的活力泉源

咖啡文化當然也深具自己的特色；港區一代，是昔日水手之家，今天，在港邊依舊可以發現水手消磨時光的老咖啡館，例如 De Zeilvaart，他們遠眺著繁忙的碼頭，追憶著往事……；棕色咖啡屋，事實上是荷蘭深具特色的傳統酒吧，以深褐色原木做為內裝材料，喝酒的人比喝咖啡的還多，最大的特色就是牆上成排的酒桶，酒種很多，還有私人、上了鎖的專屬酒桶！

而調調很像棕色咖啡屋的品酒屋 (Proeflokalen)則只賣酒，尋覓巷弄間，也常可發現保持著百年前舊樣貌的老咖啡館，依舊有著可以容納好幾個人、看報紙的傳統大桌子！大麻咖啡館，顧名思義是提供咖啡外，可以嘗試大麻等「合法」Drug的地方，要看清楚Menu，有些蛋糕可是以大麻為原料呢！

黃金時期，富商們打造了許多奢華的運河屋，而美洲旅館內的美洲咖啡館Café Americain，極盡精雕細琢之能事，真可謂不遑多讓，是裝飾藝術風格的極致表現，當然，追求極富設計感的室內風格，也很受喜愛時尚的族群青睞，一般統稱為「新潮咖啡屋」；至於咖啡館的所在位置，很多人都對運河邊的咖啡屋情有獨鐘，因為陽光、空氣、水，在總是陰霾多雨的水都，是喝咖啡最受歡迎的三要素，能曬曬暖陽、呼吸著新鮮空氣，與三五好友閒話家常敘敘舊，欣賞船來船往的運河景觀，絕對是最道地的咖啡體驗！

Proeflokalen

在擁擠的阿姆斯特丹，卻依然能找著寬敞的咖啡館，像這一家，還有氣派的吊燈呢！

在棕色咖啡屋，酒也很受歡迎，成排的酒桶通常都有專屬的客人，平常用小鎖鎖著，想品酒的時候，扭開龍頭，隨時都有美酒享用。除了個人專屬酒桶，酒的種類其實也很多，有一種很特殊的吧台風情！

阿姆斯特丹咖啡館的一大特色，就是空間的多樣性，運河屋、運河邊或是碼頭旁……感覺都不相同，再加上陽光及濃郁的咖啡香，處處都瀰漫著幸福的閒情。

陽光在阿姆斯特丹難得露臉，所以晴天時的露天雅座通常都是人滿為患，一位難求。

Café de Jaren的大露台就在運河邊，在這曬太陽、賞景、品味咖啡，真是愜意的享受。

○歌劇院一代的運河旁有多家咖啡館，景觀、氣氛都極佳，欣賞完藝文活動，很適合來這裡坐坐。

○Hard Rock Café室外有幾張桌子，緊鄰著運河，感覺十分有趣！

○In de Waag，原建築是過磅房，位於熱鬧的廣場上，假日還有跳蚤市場可逛。

○傳統的咖啡館，在阿姆斯特丹還是擁有相當忠實的顧客群，沉溺在懷舊風味十足的往日情懷。

✤經典咖啡館✤

Metz & Co

🏠 Leidestraat 34

📞 5207048

🕐 每天9:00-18:00(周四延長至21:00)

　　欣賞一座城市的美麗身影，登高鳥瞰通常都能享有令人屏息的景緻，如果還能夠沉浸於咖啡香、搭配小點心愜意攬勝景，那絕對是最幸福的享受，Keizersgracht運河畔、一家百貨公司頂樓的Metz咖啡館，就能讓你輕嚐咖啡之際，也能對阿姆斯特丹特殊城市景觀留下難忘的影像記憶，運河蜿蜒流過成列有著優美山牆的運河屋、水面上船來船往、穿梭於街道巷弄間的自行車陣、空氣裡瀰漫著花香與乳酪香……原味荷蘭風情開展在Metz的大玻璃窗前，給你百分百的浪漫情懷！

✤經典咖啡館✤

Café de Jaren

🏠 Nieuwe Doelenstraat 20

📞 6255771

🕐 每天9:00-18:00

　　溫暖的陽光，對多雨的荷蘭，是上天所賜的一份厚禮，出門搭船就像我們開車一樣自然的阿姆斯特丹人，對運河也有著濃郁的情感，Café de Jaren知道大家想要什麼，在運河上搭了一大片露台，迎接陽光、擁抱運河風光、當然，還有香濃的咖啡，坐在這冥想、讀本好書、凝視運河，看著運河橋升起讓船通行，橋放下後自行車疾馳而過，然後一切恢復平靜，船過水無痕……你也可以暫時當個荷蘭人，讓思緒沉靜、心靈休憩，體驗在這樣的開放親水空間，沐浴在暖陽裡，喝杯好咖啡的舒坦愜意！

Norway

奧斯陸的維格蘭雕塑公園(Vigelandsparken)

挪威
Norway
帶著咖啡走入大自然中

文字・攝影：李清玉

「我們來一杯咖啡吧？」在挪威，就這麼簡單的一句問話，其實也是討論或聊天的邀請，咖啡，絕對是挪威人最重要的社交潤滑劑之一。對於生性含蓄的挪威人來說，一杯咖啡似乎恰好可以和緩氣氛，讓談事情變得容易些。

咖啡在17世紀中葉之後從歐陸傳到北歐及挪威，但這飲料一直到19世紀才漸漸普及。挪威國會於1842年通過禁止私人釀酒的相關法案，限制酒品的濫用，使得咖啡的飲用量開始明顯向上攀升。近年來，挪威人每年更是喝掉近10公斤的咖啡，幾乎是歐洲平均值的2倍，在世界上也名列前茅。想想北歐斯堪地那維亞地區的人口只占世界上的0.3%，卻進口世界咖啡的5.5%，是不是有些不可思議？

每隔3年，挪威咖啡協會(Norwegian Coffee Association)會做一次挪威人咖啡飲用習慣的調查。與歐陸不同的是，歐陸人喜歡在公開場合喝咖啡，挪威人則在家裡或工作場合居多，而且3/4的人咖啡習慣喝黑的，不加糖或奶精。

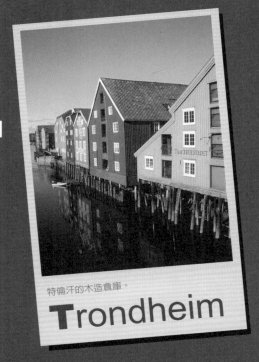

特倫汗的木造倉庫。

Trondheim

▲挪威人居家喝咖啡的點心良伴：心型鬆餅，上頭塗著rømme(一種乳製品)和草莓果醬。

拿鐵咖啡挪威版。

Latte

只要太陽一出來，挪威人就把咖啡杯搬到外面，冷也沒關係，披個毯子就好了！不過2004年6月起，挪威的用餐場所也全面禁煙，想抽一根的人，也只好乖乖到外頭去啦。

Lofoten

北方羅佛敦群島上的風味漁村。

　　雖然挪威人喝咖啡大多在家裡，這並不代表外頭沒有好的咖啡館。經過80年代espresso義式咖啡風潮和90年代北美西雅圖式咖啡吧的洗禮，如今要在挪威各主要城市的街頭找杯好咖啡喝，應該不算難事。這裡雖然還不見星巴克之類的國際大牌，本地崛起的小型連鎖店是有的，但我通常還是偏愛僅此一家、獨樹一格的咖啡館。挪威有不少的咖啡場所給人如北歐的一貫印象：簡潔、明亮、具有現代感，店員們就算不是金髮藍眼，也通常都親切友善，然後說著一口流利的英語。

　　然而，對很多挪威人而言，他們最中意的咖啡場所不在城裡，而是在大自然中。挪威人常喜歡在週末假日的時候到郊外走動走動，他們有句俗話說：「沒有壞天氣，只有不適當的衣著」，而裝著熱咖啡的保溫瓶，絕對是許多戶外一族的基本配備之一。在身體的勞動之後，找個山郊林間的角落坐下，放下塵俗煩惱，讓時間逕自流逝，在那一刻只有一杯咖啡的香氣與熱度相伴，此派閒適，還有何處能尋呢？

以上部份訊息來源：挪威咖啡協會
(Norwegian Coffee Association)www.kaffe.no

復活節挪威人上山滑雪去！木造小屋旁、陽光
下，與家人朋友一起享用咖啡。

這家於1856年開業至今的Erichsen咖啡廳，同時也是有名的糕點店。據說有些中挪威的農夫在其年度進城之旅時，都會來這裡「味覺朝聖」一番。

Erichsen Konditori
Nordre gate 8, Trondheim

Dessert

挪威人偶而喜歡邀請朋友來家裡喝杯咖啡、閒聊是非，這時候，蛋糕甜點可是不可缺少的配角喔！

◀ 上咖啡館喝咖啡，已經成為一種生活方式了。Choco Boco咖啡連鎖只有5家分店，每家店的menu雖然一樣，氣氛卻不同唷。

Choco Boco

🏠 Nedre Bakklandet 5, Trondheim

Norway

咖啡香與書香。這家位在 Ålesund 市中心的小店，裡頭不只賣咖啡，也有整牆都是的二手書喔！

▲ 蓋倫格峽灣(Geiranger Fjord)，有不少人認為這是挪威眾多峽灣中最美的一個。

▼ 咖啡香與爵士樂。這家咖啡館樓下就是一家爵士音樂的專賣店，位子不多，卻常高朋滿座。

Bare Jazz

🏠 Grensen 8, Oslo

馬爾它
Malta
踩著悠閒步調喝咖啡的小島

文字·攝影：王瑤琴

位於海灣的斯里馬城市，沿著海灣大道一帶都是餐廳和咖啡館。

Malta Malta
Malta Malta

馬爾它是地中海一個島國，由馬爾它島(Malta)、戈佐島(Gozo)、科米諾斯等組成，全國總人口大約40萬左右。由於擁有得天獨厚的地理環境，島上生活充滿悠閒和輕鬆的步調。

馬爾它曾經是大英帝國的殖民地，因為消費水準比其他地中海國家便宜，目前已經成為歐洲人最喜歡的度假島嶼。夏季期間來到馬爾它，可以發現當地人的作息時間，與西班牙人有幾分類似。馬爾它的商店營業時間，大約從上午10到12點，然後休息至下午3、4點才繼續工作到晚上7、8點。每當中午時分，整座島上就像空城一樣，幾乎每個人都在睡午覺。午睡過後，島上居民不是坐在門口聊天，就是前往海濱的露天咖啡座、喝一杯咖啡提神。

在馬爾它，當地人的社交生活是從日落以後才開始，黃昏以後、可以看到海濱附近的咖啡館或餐廳，幾乎都是高朋滿座。每逢周末假日、必須提前訂位，否則只好坐在海灘上喝咖啡或野餐了。

馬爾它的首都是瓦雷塔(Valletta)，這座城市由一條寬敞的共和大道貫穿，直抵聖艾爾摩要塞(St.Elmo)。共和大道兩旁屹立著許多義大利風格的建築物，現在都已變成餐廳、咖啡館或商店……等。位於共和大道的共和廣場，是當地人或歐洲遊客最喜歡喝咖啡的地點。坐在廣場上的露天咖啡座，可以一面品嚐義大利咖啡、一面欣賞昔日聖約翰騎士團長的宮殿和馬爾它總統府等。

除了瓦雷塔以外，最受歡迎的城市還有位於海灣的斯里馬(Sliema)，此地的休閒氣氛更加濃厚，尤其是濱臨海岸的塔路(Tower Rd.)，兩側都是露天咖啡館或餐廳，在此喝咖啡和用餐，可以觀賞海灣的落日與夜景。

▶在馬爾它，可以看到當地人開著古董車從街頭奔馳而過。

黃昏以後，位於海濱大道的咖啡館附近，連人行道上的座椅也坐滿休憩人群。

在首都瓦雷塔的共和大道兩旁，可以看到所有的古典建築都變成咖啡館或紀念品店。

從地中海海灣眺望餐廳兼咖啡館，可以看到許多彩繪船隻，將咖啡館的風景襯托得更加具有氣氛。

位於瓦雷塔共和廣場的露天咖啡館，是喝咖啡兼賞景的最佳地點。

在馬爾它，可以看到咖啡館的招牌和門扉裝飾，具有獨特風格。

◀馬爾它的傳統建築都以石頭砌成，位於巷弄中的咖啡館，以色調單純的牆壁作為特色。

▼馬爾它是歐洲遊客最喜歡的度假島嶼，位於港口邊的露天咖啡館，經常坐滿喝咖啡曬太陽的人潮。

▲馬爾它的堡壘充滿厚重的義大利風格，這些古蹟建築周邊都是咖啡館林立之區。

▶透過古典建築的拱門，可以看到廣場上的露天咖啡館，豎立著許多遮陽傘，構成一幅特殊畫面。

蔚藍海岸
Riviera Côte d'Azur
咖啡沿著美麗海岸線飄香

文字・攝影：王瑤琴

沿著陽光明媚的蔚藍海岸，處處可見陽傘和露天咖啡館

Riviera Côte d'Azur

艾日的金三羊飯店所附設的咖啡館,擁有眺望海景的絕佳視野。

在法國南部的蔚藍海岸,主要包括有坎城(Cannes)、尼斯(Nice)、蒙頓(Menton)、安提布(Antibes)、艾日(Eze)、聖保羅(Saint Paul)、卡納-須-梅Cagnes-sur-Mer……等城市。蔚藍海岸以陽光和海岸著稱,沿著美麗的海岸線而行,放眼望去都是各式各樣的陽傘和露天咖啡座、餐廳等。

在蔚藍海岸,當地人喜歡趁著夏日時光,來到海濱喝咖啡和曬太陽,對於法國人來說、皮膚曬得愈黑,意味著前往海邊度假的次數愈多。所以在此可以看到大部份人都穿著比基尼泳裝躺在海灘、或坐在咖啡椅上,而真正跳進海裡游泳的人反而不多。

提到坎城,一般人立刻會聯想到坎城影展。其實坎城除了影展以外,還有許多充滿悠閒氣氛的度假去處。其中沿著海岸蜿蜒的小十字大道,一邊是歐洲名牌精品店、高級旅館、餐廳和咖啡館林立之區,一邊則是佈滿遮陽傘的沙灘。位於小十字大道旁邊的海灘,多半屬於飯店所有,非住宿客人必須付費才能進入海邊戲水或喝咖啡。坐在這些陽傘下的咖啡座,不僅可以品嚐道地的法式咖啡,也可以欣賞海灘景致。坎城影展期間、這條道路就是追星族或狗仔隊、爭相拍攝明星的地方。

同樣位於蔚藍海岸的尼斯小鎮,有一條面對海岸的英國人散步道(Promenade des Anglais),從這條人行步道走到瑪西娜廣場(Place Massena)、以及舊城區的加利巴第廣場(Place Garibaldi),沿途都可看到高級飯店、精品店、餐廳和露天咖啡館……等。其中以加利巴第廣場的露天咖啡座人氣最旺,因為附近有出售美麗花卉、各種食材、水果、甜點和起士的傳統市集。坐在廣場上喝咖啡,搭配檸檬塔(Tarte aux Citrons)或法國南部特有的糖漬水果(Fruits Confits),別有一番風味。

除了在海濱城市喝咖啡、作日光浴以外,千萬不可錯過具有藝術氣質的聖保羅山城,以及充滿優雅氛圍的艾日小鎮。從艾日的金山羊城堡飯店,可以坐在居高臨下的陽台喝咖啡,眺望絕美的懸崖和海景。

◯ 位於蔚藍海岸小鎮的餐廳兼咖啡館，連菜單和擺飾都頗具巧思。

◯ 尼斯的加利巴第廣場，到處可見露天咖啡座，是當地最有人氣的休憩場所。

◀ 在艾查城堡飯店裡面，不僅可以享用美味的佳餚和咖啡，從餐廳內也可眺望綺麗的地中海景致。

Place Garibald

◯ 坐在法國南部的露天咖啡館，偶爾可見穿著清涼的歐洲美女。

Riviera Côte d'Azur

◯ 在蔚藍海岸的小鎮，每座廣場都是開設咖啡館的最佳地點，與周圍的建築景觀相互結合。

◯ 以陽光和美食聞名的尼斯小鎮，每家咖啡館都供應有搭配咖啡的美味糕點。

Promenade
des Anglais

只有在艾日的艾查城堡飯店所附設的露天咖啡座，可以獨享一邊喝咖啡，一邊眺望地中海落日美景的情境

▲坐在蔚藍海岸的露天咖啡館，內心的熱情會隨著咖啡的香氣而發酵。

▲春天來臨時，座落於蔚藍海岸的小鎮，在露天咖啡館周遭裝飾著黃色的含羞草花，散發出南方氣息。

◀尼斯街頭的露天咖啡座，讓人不由自主地放慢旅行的步調。

▶法國南部特有的糖漬水果，是搭配咖啡的最佳甜點。

Spain

在馬德里，每座廣場或街道角落都是開設露天咖啡館的地方。

西班牙
Spain
曬著陽光喝咖啡的民族

文字‧攝影：王瑤琴

西班牙是兼具歐洲文化和拉丁美洲風情的國家，在歷史上，西班牙曾經受到摩爾人和奧地利哈布斯堡王朝統治，其中摩爾人不僅留下許多美麗的回教建築，也將阿拉伯咖啡文化帶進此地。

在西班牙首都馬德里，幾乎每座廣場或人行步道都是咖啡館林立之區，尤其是馬幼廣場(Plaza Mayor)、太陽門廣場(Puerta del Sol)、古蘭大道(Gran via)一帶的露天咖啡座，經常可見當地人或遊客，一邊喝咖啡、一邊欣賞街頭藝人的表演。

西班牙人向來以陽光和愛情自豪，當地人喝咖啡時，喜歡坐在露天咖啡座曬太陽，所以都會選擇面對陽光的位置，不像來自東方的遊客偏愛躲在洋傘下，兩者之間形成強烈的對比。

西班牙人被視為屬於享樂的民族，原因是當地人生活步調相當悠閒，其社交活動是從日落以後才開始。在西班牙各地的咖啡館或酒館，多半營業到凌晨3、4點左右，而且愈晚愈加熱鬧。西班牙人用餐時間比較特別，上班前的早餐是在家裡喝咖啡、搭配簡單的麵包或餅乾；大約上午10-11點左右，再到咖啡館享用第二次早餐。午餐時間大約是下午2-4點，晚餐時間從晚上9點以後才開始。

西班牙是夜貓子最多的國家，經過一整夜的狂歡之後，必須利用漫長的午睡以補充體力。午睡過後，再度散步來到咖啡館，趁著晚餐之前喝杯咖啡提神。由此可見，西班牙人的一天，幾乎

西班牙的咖啡館和餐廳都會在戶外擺設桌椅，供應咖啡和多樣化的點心。

有半天都消磨在咖啡館或小酒館中。

西班牙的咖啡館多半備有蛋糕或點心，而傳統的小酒館也有供應小菜，對於不習慣用餐太晚的遊客來說，當地咖啡館或小酒館都不失為最佳選擇。西班牙咖啡以黑咖啡(Café solo)、或加有大量牛奶的咖啡(Café con leche)為主，此外，義大利的卡布奇諾(Cappuccino)、濃縮咖啡(Espresso)也十分流行。

位於安達魯西亞地區的塞維亞、哥多華和格拉納達等城市，除了隨處可見露天咖啡座以外，也有保留傳統阿拉伯風情的咖啡館，裡面的佈置別具一番風味，並且供應道地的阿拉伯咖啡和水煙。

▶ 在馬德里的跳蚤市場附近，也有可以坐下來喝咖啡的地方，其周圍的建築物牆面裝飾有彩繪壁畫。

▼ 在馬幼廣場，位於遊客中心前面的咖啡座，經常坐滿來自世界各地的遊客。

◁ 馬幼廣場是馬德里最主要的廣場，周圍環列著許多咖啡館的陽傘和桌椅。

▲ 位於古蘭大道的露天咖啡座，提供給逛街購物的族群一處短暫歇腳的空間。

▲ 西班牙的傳統小酒館，外觀裝飾有馬賽克壁畫，也是喝咖啡的好地方。

▲ 在塞維亞，只要走累了，就可以找到廣場上的咖啡館，讓心情沉澱之後再上路。

Spain

▶在馬德里，每條僻靜的巷弄都是咖啡館的所
在，將城市建築景觀裝點得更加具有特色。

▼西班牙的小酒館風情獨具，除了供應酒類和各
種下酒菜以外，也可以站在吧台前面喝咖啡。

▲在哥多華，可以尋訪充滿伊斯蘭建築風格的餐
廳兼咖啡館，為旅途中增添不少美麗的回憶。

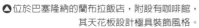

▲位於巴塞隆納的蘭布拉飯店，附設有咖啡館，
其天花板設計極具裝飾風格。

Portugal

擁有美麗噴泉雕塑的羅斯歐廣場是里斯本最主要的景點，周邊是喝咖啡最佳去處

葡萄牙
Portugal
隨時隨地都想往咖啡館報到

文字‧攝影：王瑤琴

　　葡萄牙的咖啡與海洋有密切關係，16-17世紀間、歐洲咖啡文化盛行，對於咖啡豆的需求量愈來愈大，當時咖啡生產地並不止於阿拉伯半島，因此拉丁美洲的咖啡園，都成為歐洲各國爭相覬覦之地。中世紀時，葡萄牙和西班牙是歐洲兩大海上強權國家，後來位於拉丁美洲的巴西被葡萄牙納為殖民地，並且在當地大量種植咖啡樹，使得今日巴西變成世界最大的咖啡產地。

　　葡萄牙的咖啡種類多樣化，當地人喝咖啡時，喜歡搭配蛋塔、布丁或其他糕點。由於葡式蛋塔或糕餅口味偏甜，所以適合與濃縮咖啡(Bica)一起品嚐。此外還有加牛奶的濃縮咖啡(galao)、半咖啡半熱水(carioca)、咖啡加牛奶(mela de lette)、義大利式濃縮咖啡(Itallana)等。

　　在葡萄牙各地都有很多咖啡館，有人說這裡的咖啡館就好像國家機構一樣，是當地人隨時都要前往報到之處。位於首都里斯本的廣場周遭或人行步道區，都會擺設陽傘與露天咖啡座，使得城市景觀更具悠閒氣氛。

　　除了里斯本以外，還有一處充滿學術文化的康布拉(Coimbra)，此地有葡萄牙最古老的大學，經常可見身穿黑袍的大學生，坐在路邊的咖啡館，一面作功課、一面喝咖啡。

　　而位於海濱的娜薩瑞(Nazare)小鎮，沿途所見的咖啡館都面對著海濱。這座小鎮居民自稱是腓尼基人後裔，昔日的腓尼基人是航海專家，其船隻都漆上鮮艷的色彩，並且在船首處畫有眼睛，表示可以預知危險。

　　此外，充滿安達魯西亞風情的歐比多斯(Obidos)小鎮，所有建築物都漆成白色，再搭配藍色或黃色的線條。沿著鎮內的石板街道走去，不但可以找到情調特殊的咖啡館，也可發現民宅牆壁上都掛滿美麗的咖啡杯和盤子。

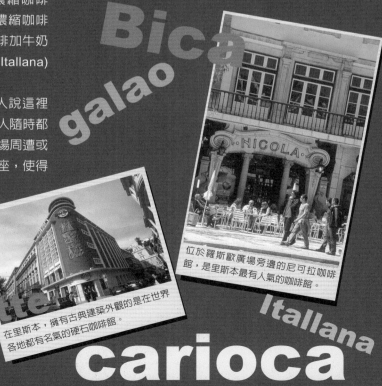

位於羅斯歐廣場旁邊的尼可拉咖啡館，是里斯本最有人氣的咖啡館。

在里斯本，擁有古典建築外觀的是在世界各地都有名氣的硬石咖啡館。

從高處俯瞰里斯本市區，可以看到紅瓦屋頂的建築物，整齊羅列於腳下，令人為之驚豔。

在充滿伊斯蘭建築風格的咖啡館，可以喝到味道濃郁的阿拉伯咖啡。

carioca

▶在葡萄牙的歐比多斯小鎮，店家牆壁所裝飾的陶瓷器皿，都是喝咖啡的主要配件。

▶位於洛卡岬的咖啡館兼餐廳，堪稱歐亞大陸最西邊的一家咖啡館。

▲在里斯本，位於奧古斯都拱門和勝利門之間的拜薩區，其人行道擺設有露天餐廳兼咖啡館。

▲葡萄牙的陶瓷器皿具有濃厚的民俗風，是喝咖啡的配件之一。

PORTUGAL

▲在里斯本，英國宮百貨公司附設的咖啡館，以透明的玻璃帷幕和庭園噴泉設計取勝。

◀位於里斯本愛德華七世公園的咖啡館，是喝咖啡兼賞花園景色的最佳場所。

經典咖啡館

Café Santa Cruz
聖十字咖啡館

🚶 從康布拉火車站步行約15-20分鐘

🏠 Prace 8 de Maio 1-6，Coimbra

📞 239-833-617

🕐 7:00-0:00，周日休息

🔺位於康布拉的聖十字咖啡館與修道院相連，
在戶外擺設有陽傘和桌椅。

🔻位於康布拉的聖十字咖啡館，裡面建有交拱形
屋頂，是由教堂變身而成的咖啡館。

聖十字咖啡館與聖十字修道院相互毗連，如果不是門口擺設有遮陽傘或桌椅，教人有點不敢相信裡面是咖啡館。

聖十字咖啡館原本是1530年興建的教堂，外觀為厚重的石造建築，屬於巴洛克風格。這家咖啡館最大特色是內部建有花朵般的拱形屋頂，交叉處裝飾著美麗的浮雕，牆壁兩側都有圓拱形窗櫺，完整保留中世紀教堂建築形式。

咖啡館裡面採用六角形的大理石小桌、以及裝有釘飾的復古椅子，其餘部分並沒有加綴太多裝飾；坐在此處喝咖啡，感覺上好像回到中世紀時光，只是從前走過門口的是身穿一襲黑袍的修道士，現在則變成同樣穿有黑色披肩的康布拉大學學生。

聖十字咖啡館內的常客以本地人居多，點一杯又濃又小的Bica咖啡，然後就可慢慢地啜飲一整個下午。如果感到意猶未盡，還可叫一份本地最有名的甜點arrufada，吃起來就像一種又鬆又脆的糕點外皮；當咖啡的苦味與糕餅的甜份在口中一起溶解，有種令人難以忘懷的滋味。

康布拉是兼具葡萄牙傳統和現代活力的城市，而聖十字咖啡館是這座城市歷史的守護者；坐在這裡喝咖啡，彷彿走進康布拉最重要的年代，在人影與燈影的流動間，見證著一段美麗的咖啡時光。

羅馬
Rome
浪漫情事多在咖啡館發生
文字‧攝影：王瑤琴

羅馬的咖啡館都圍繞於古蹟建築周遭，新舊並陳但是
卻不顯得突兀。

提到義大利，立刻令人聯想到咖啡。在羅馬或威尼斯等城市，除了知名品牌的流行時裝和飾品以外，空氣中不時飄散著一股咖啡香氣。

羅馬是一座充滿宗教氣氛的城市，同時又融合南歐的奔放情調。羅馬人喝咖啡，雖然不像維也納和巴黎那般講究典雅，但是卻多了幾分浪漫與不拘的風格。

義大利咖啡最早是由街頭小販開始兼賣，不久，這種來自東方的飲料就被當地人廣泛接受。18-19世紀間，隨著歐洲咖啡文化的盛行，在威尼斯、羅馬或其他城市，咖啡館就像雨後春筍般、一家又一家地開。

17世紀左右，坐在葛雷柯咖啡館的常客，都是赫赫有名的歐洲藝術家、音樂家或哲學家等，如今卻被不同國籍的遊客所取代。大多數的遊客來到名人咖啡館，都是抱著一種朝聖的心情，至於咖啡的味道反倒不太苛求。

現代羅馬，幾乎所有咖啡館都面向廣場或噴泉雕塑，尤其是納弗納廣場(Piazza Navona)、西班牙之階(Spanish Steps)、許願池(Fontana di Trevi)附近的咖啡館或露天咖啡座，每逢旅遊旺季期間，都會出現一位難求的窘況。

義大利咖啡以卡布奇諾(Cappuccino)和Espresso最具代表性，包括煮咖啡的不鏽鋼器具也變成義大利咖啡的特徵。在羅馬，由於當地人三餐都有喝咖啡的習慣，所以連小型民宿供應的咖啡都很香醇道地，一點也不輸給外面的咖啡館。

在羅馬，無論義大利人或遊客都喜歡坐在露天咖啡座，一邊喝卡布奇諾、搭配提拉米蘇甜點，一邊欣賞搔首弄姿的小明星或街頭藝人表演。對於生性熱情的義大利男性來說，許多浪漫情事都在咖啡館發生；喝咖啡是施展個人魅力的手法之一，而咖啡館則是調情或獵豔的最佳場所。

在羅馬，浪漫的情事幾乎都在咖啡館發生，連在街頭拍攝結婚照的新人，也選擇以咖啡館作為背景。

白色的陽傘加上咖啡館的桌椅，構成萬神殿廣場的浪漫風情。

小型民宿的花園咖啡館，與其他知名咖啡館相較之下，反而多出一份寧靜和閒適的氣氛。

Fontana di Trevi

Rome

陽傘下的咖啡館是歐洲街頭的風景之一，在此啜飲一杯卡布奇諾咖啡，更能體驗羅馬的浪漫。

在羅馬，看到神職人員坐在一起喝咖啡或用餐，一點都不奇怪。

義大利人生性熱情浪漫，從咖啡館的佈置和擺飾可以窺知端倪。

在羅馬，喝著卡布奇諾、搭配提拉米蘇甜點，並且欣賞往來的行人和遊客，也是一件賞心悅目的事。

在羅馬，有人潮的地方就有露天咖啡館和陽傘，變成建築古蹟和廣場的共同特色。

羅馬許願池附近的咖啡館，幾乎都是一位難求，遊客僅能坐在池畔喝咖啡吃冰淇淋。

美洲 AMERICA

New York

New Orleans

Seattle

San Francisco

Colombia

City Bakery是紐約熱門的熟食店，除了咖啡外，
也供應不少令人垂涎的健康料理及甜點。

紐約
New York
星巴克，走開！

文字‧攝影：張懿文

　　當西雅圖的星巴客以鯨吞蠶食的態式佔據了曼哈頓的重點街角，紐約客或是善加利用其源大方當成自家書房用，無線上網筆記型外加攤滿一桌的書一杯咖啡坐上大半天，或是消極抵制非不得已不喝星巴客，激進份子則直接拒絕星巴客進入他們的生活圈，如布魯克林的威廉斯堡至今尚末被星巴克染指，歸功於該區強烈的藝術家社區意識。

　　不喝星巴客的紐約客還有什麼選擇呢？三步一小家，五步一大家的熟食雜貨店 (Deli) 有著新速實簡的美式咖啡，而各式的咖啡簡餐專賣店則是義大利咖啡的天下，看似天壤之別的兩者卻默契十足地共同鞏固紐約的咖啡文化，沒有華而不實的焦糖瑪奇朵，只有讓屬於咖啡豆的回歸咖啡豆。

　　在來紐約前，我對美式咖啡的印象來自麥當勞，Friday's淡如洗杯水的無限續杯咖啡，也始終是以Espresso為底配上完美奶泡拿鐵的追隨者，來到紐約後才發現，原來正宗美式咖啡也有滴滴香醇，意猶未盡的魔力。

濃濃奶香的拿鐵永遠是最意猶未盡的享受。

咖啡吧已成為書店的最佳拍檔。從Housing Works Used Book Café挑高空間的一角俯瞰書店，一本書、一杯好咖啡，儘管牆上還掛著斗大的時鐘，時間在此已失去意義。

GOOD MORNING

在義大利，Espresso是站著喝的，一口氣喝完一杯，瞬間甦醒。

貼滿訊息的布告欄也成為Grey Dog's Coffee的門面。

Grey Dog's Coffee的頹廢風吸引了不少附近NYU的學生。

　　對於重度咖啡癮的我，多數時候喝咖啡的功能性大於泡咖啡館培養氣質，這時候Deli的美式咖啡便徹底滿足了我的生理需求，這些外表不甚起眼Deli，咖啡卻隨時處在現煮的狀態，基本款的Deli通常只有原味咖啡一種選擇，店員通常會問：「milk and sugar？」，前後不到5秒鐘，一杯熱騰騰的咖啡已經讓我帶著走。

　　至於豪華版的Deli則一切採自助式，先選尺寸：大中小杯；口味：Regular(原味)、Decaf(無咖啡因)、Vanilla(香草)、Hazelnut(榛果)，再選牛奶：Half & Half(半奶油半牛奶)，Regular(全

脂牛奶)，Skim(脫脂牛奶) 咖啡奶精及糖的比例隨個人喜好隨意調配，比起星巴客的每日咖啡毫不遜色，價錢通常只要一半。

　　至於紐約的義大利式咖啡，在被台灣以煮一杯完美咖啡為職志的達人寵壞之後，剛開始我對紐約的咖啡館是失望大於驚喜的，雖然也是用專業Espresso機器煮出來的，口味偏淡，奶泡不夠細膩，更誇張的是連咖啡專用的冰糖都沒有。另一方面，紐約很少有純粹的咖啡館，多數兼賣三明治沙拉甜點，多數人來這兒還兼具了裹腹的目的，或是和朋友相約餐敘再來杯咖啡多坐一會兒，不然就是一個人選個角落坐下，鬧中取靜的享受紐約的咖啡時光。

自家烘焙的豆子總有著連鎖品牌無法滿足的獨特性。

1 上東城的義大利餐廳 Via Quadronno，除了號稱有最好喝的 Espresso 外，Panini 也是 Menu 上的人氣商品。

2 在喧囂的午餐時間，老人在咖啡吧台氣定神閒的品嚐 Espresso。

3 位於西村的 French Roast，位於人行道上的位子是 people watching 的好地方。

1

1 雖然已經不能帶寵物進店，Grey Dog's Coffe依然充滿了人類最忠實朋友狗狗的藝術品。

2 有趣的是，西村的Café Figaro則用在義大利咖啡壺邊等待的貓來當logo。

2

3 早晨最好的朋友─Grey Dog's Coffee除了重口味的咖啡之，還有種類繁多的三明治及沙拉。

4 Via Quadronno餐廳的紀念版T-Shirt。

3

4

5 狗狗圖案的啡杯令人愛不釋手。

5

6 Café Pick Me Up的牆上充滿各式畫風鮮明的壁畫,極度適合在此發呆。

7 寧靜的午後,Café Pick Me Up的客人通常是一個人來此讀書、打電腦。

8 一幅小小的招牌清楚點出了咖啡及點心販售的重點。

9 Café Pick Me Up隨時變換的菜單也是賣點之一。

9

7

10

6

8

11

12

10 咖啡豆專賣店充分滿足重度咖啡因中毒者的生理需求。

11 每一種咖啡豆都是咖啡達人精心烘焙的。

12 Café Pick Me Up最隱蔽的角落,也是視野最佳的角落。

🔺位於西村的 Le Café Figaro曾是60年代文
人騷客最愛的聚會場所。

CAFE

🔺Deli咖啡口味眾
多，榛果、香
草、摩卡等任
均挑選。

◀一杯從50cent
美金起跳的Deli
咖啡價廉物
美。

🔺Housing Works Used Book Café在Soho區
鬧中取靜。

COFFEE NEWS

Café Figaro從裡到外都充滿義大利
風，是西村歷史悠久的咖啡店。

🔺邦諾書店(Barnes & Nobles)的咖啡座永遠人滿為患。

位於Union Square附近的Irving Place71曾被
此間媒體評選為最佳咖啡店。

Espresso

經典咖啡館

Caffé Reggio

🏠 119 MacDougal St
📞 (212)475-9557

位於格林威治村的Caffé Reggio，堪稱是第一個將卡布基諾引進美國的咖啡店，創立於1927年的Caffé Reggio，其鎮店之寶是1902義大利製的卡布基諾咖啡機，其華麗的鉻金屬雕花搭配黃銅材質的機身，極盡繁複之能事讓冰冷的機器成為藝術品。

雖然現在Caffé Reggio已經不再用這台機器煮咖啡了，但是整個店還是文藝復興味十足，包括16世紀羅馬畫家Caravaggio的作品及古董長椅等，輕啜一口咖啡，時空不再是紐約。

此外，Caffé Reggio還曾在教父第二集中出現過，約翰甘迺迪1959年曾在店前發表演說，無怪乎翻開每一本紐約的旅遊指南，都可以發現Caffé Reggio的身影。

🔺Caffé Reggio是第一家將卡布基諾引進美國的咖啡店。

◀連門面都文藝復興味十足

🔻從引進第一杯卡布基諾起，Caffé Reggio依然維持其正宗義大利咖啡的地位。幾乎每一本紐約指南上都少不了Caffé Reggio。

COFFEE NEWS

Caffé Reggio的鎮店之寶—1902年製的義大利咖啡機。

紐奧良
New Orleans
處處爵士樂，處處咖啡香

文字‧攝影：林雅群

◆這杯濃濃奶香的咖啡歐蕾，傳承自遙遠的歐陸法國。

◆餐館的陳設與侍者的服裝、儀態，是否像極了巴黎左岸的咖啡館？

▶將巴黎香頌置換成熱情的爵士樂，成就了風情截然不同的紐奧良咖啡文化。

　　紐奧良，一個承襲自法國移民的影響，以及黑奴文化衝擊的城市，就像咖啡歐蕾(Au Lait)：半杯乳白的牛奶與半杯濃褐的咖啡，凝聚出一杯獨樹全球的下午茶文化。

　　3百年前，法國的貴族企圖在這片密西西比河口的沼澤地上打造一個新天地，他們傾盡財力建構的鑄鐵欄杆和花園洋房，如今稱為「法國區」，亦為最適合喝下午茶的地方，在陽台上或街邊撐起幾支大洋傘，就是一個精巧的露天咖啡屋了，漫步其中彷彿進入電影情節一般，置身於此，一個悶濕的南方午后，在陰涼的露天咖啡座等待熱氣消散，似乎成為貴族生活的例行公式。

　　菊苣咖啡歐蕾是一種加了菊苣根粉的深焙咖啡，也是紐奧良咖啡最獨特的口味，配法式甜甜圈Beignets，耳畔傳來曲調輕鬆的爵士樂，真會讓人不自覺地步調放慢，難怪紐奧良被冠上「大逍遙城」(Big Easy)的稱號呢。法式甜甜圈(法文Beignets，發音近似於「賓捏」)，是由師傅們在半開放的廚房中現炸後，灑上一堆難以置信的白糖粉，卻是鬆軟不膩，與濃純的菊苣歐蕾在口中化出難以言喻的協調口感，而爵士樂則為這份絕佳的口感妝點出輕鬆的氣息，一改爵士樂一定要配雞尾酒的傳統印象。

對我來說，身為爵士樂Jazz發源地的紐奧良與世界其他都會最大的不同，在於全天街頭巷尾都聽得到爵士樂，而有別於「晚間酒館裡的慵懶爵士樂」，下午茶的爵士曲調多半輕鬆而愉悅，隱約反映了黑人苦中作樂的樂天性格，如果你在某個花園露天咖啡屋的角落失神，難以分別自己究竟身處巴黎還是羅馬？快樂的爵士樂絕對能夠提醒你，這裡是美國路易西安納州的紐奧良。

每年2月底至4月初，正值初春的紐奧良嘉年華季(Carnival Season)，包括最盛大的馬蒂‧格拉斯嘉年華(Mardi Gras)及爵士嘉年華，處處音樂、處處歡樂，不要錯過哦！

△在紐奧良，也能一邊吃早餐、一邊聆聽現場爵士樂演奏哦！

△撐著花傘、隨著輕鬆的銅管爵士樂起舞，原本是紐奧良獨有的喪葬文化之一，如今倒成為觀光噱頭。

▽法國區內到處是二、三百年歷史的法式風情旅店，在二樓的露台聽爵士、喝咖啡、看街景，再舒服不過了。

△聽爵士樂可以不用花錢，街頭巷尾處處是即興演奏的樂團，尤其是2月底至4月的嘉年華季期間，更是有聽不完的爵士樂。

Jazz

▼若是想來點刺激的，不妨到Hurricane
雞尾酒的創始店Pat O' Brien' s 酒
吧，暢飲一下午，或與女鋼琴家Pat
Brown一起狂歡高歌吧！

▲紐奧良是爵士之都，也是熱愛爵士的
樂手前來較勁，尋找機會的地方。

▼花園的一角擺上桌椅，便是喝咖啡的好所在。

▶市場咖啡屋座落於傳
統市場旁，有爵士、
美食與咖啡，最適合
逛累後小歇一下。

New Orleans

▼來到「大逍遙城」，一定要體驗慵懶的下午茶時刻。

◀乘馬車遊覽古老的法國區風光，最讓人深刻回味二百多年前奢華的法國移民生活。

◀聖路易大教堂鄰近密西西比河畔，稱得上是紐奧良法國移民的起點及精神指標。

◀比晚餐更豐盛的早午茶習慣，也是紐奧良一大特色。

▲古老亦奢華的法式莊園生活，與咖啡文化之間有密不可分的關係。

菊苣咖啡

COFFEE NEWS

紐奧良曾長期為法國殖民地，深受其影響，風味獨特的菊苣咖啡其實非其獨創，而是從法國傳來的。1720年代法國國內發生內戰，導至民生物資匱乏，咖啡豆因此一貨難求，許多人積極尋找代用品，以菊苣(Chicory，萵苣的一種)的根部烘烤、磨粉之後加入咖啡以增加份量，烘烤後的菊苣根粉帶有些許巧克力的口感和堅果香，再加入大量的鮮奶後，成為比純咖啡更勝一籌的菊苣咖啡歐雷(Au Lait)，而法國人的「克難咖啡」隨後竟風靡至紐奧良！

Café DU MONDE
度夢咖啡館

🏠 1039 Decatur Street
📞 1-800-772-2927
🕐 24小時(聖誕節之外全年無休)
@ http://www.cafedumonde.com

　　度夢咖啡館Café DU MONDE座落於紐奧良市中心法國區捷克森廣場對面，法國區不大，最適合散步，而度夢咖啡館就像是法國區臨河的一顆鑽石，與密西西比河僅一堤之隔，據說這裡便是3百多年前法國移民登陸之地。

　　自1862年起開業至今，巨大的墨綠棚子不知接納了多少情侶、躲雨的路人、想要避暑歇息的遊客，140多年來，店面景緻不曾改變，唯一不同的是，現今侍者清一色為越南移民，為此地的移民文化又添一筆文章。

　　來此可不能錯過百年配方的咖啡歐雷配法式甜甜圈！1988年以後才問世的冰咖啡在炎炎夏日也是不錯的選擇。諾大的用餐區旁邊有一位爵士樂手，有時慵懶有時俏皮地吹奏爵士，黃昏時分，對面的廣場熱鬧起來，街頭藝人們選好自己的角落，各自開始表演，看著看著，一天就這麼過去了……，每次來紐奧良，總是忍不住早晚各來報到一次呢！

1 現在的度夢咖啡館和百年前的陳設是一樣的。

2 百年前，度夢咖啡館的夜景(卡畢度博物館藏)。

3 邊喝咖啡歐蕾、邊聽爵士樂，此種悠閒的平民化消費，最受觀光客青睞。

4 喝歐蕾，一定要配上一盤現炸鬆軟的法式甜甜圈，才能讓味蕾達到最終極的享受。

5 這瓶長得像奶粉罐的菊苣咖啡，正是度夢咖啡的招牌貨。

西雅圖
Seattle
Starbucks發源地

文字‧攝影：陳慶祐

　　你知道為什麼西雅圖人被戲稱為「一隻手的人」嗎？因為他們另一隻手永遠握著一杯咖啡。

　　西雅圖潮濕多雨，冬天尤其寒冷，使得西雅圖人特別愛喝咖啡，平均一天可以喝下4杯。從前美國人喝的是較淡的美式咖啡，但Starbucks將義大利人喝的espresso帶進了美國，掀起了一場「咖啡革命」。Starbucks教會美國人認識了什麼是「Latte」、「Cappuccino」，更創造出計量的「Single」、「Tall」等名詞，還發明了「Frappuccino」這個字及其代表的咖啡冰品，進而行銷全世界，成為咖啡界裡一個最響亮的名字。

　　今天，西雅圖隨處可以看見咖啡館店招，這個7百萬人的城市，竟然開了超過1000家的咖啡館。連鎖形式的Starbucks、Seattle's Best Coffee、Torrefazione Italia、Tully's……等，更是用綿密的香氣，將西雅圖裊繞成一座建築在咖啡香裡的城市。

Starbucks 30週年慶時，曾經在派克市場封街慶祝。

就是這個綠色美人魚標記，將Starbucks的咖啡行銷全世界。

不過，在美國乃至全世界，近年來都掀起一陣「反帝國主義風潮」，為了抗議這些財大氣粗的企業不斷掠奪市場佔有率，間或剝削第三世界的工資，許多人反而喜歡光顧一些不那樣制式化經營的個人咖啡館。

西雅圖美麗的衛星都市「弗瑞蒙(Fremont)」，就有許多以木質桌椅展現溫暖情調的咖啡館，像是「Still Life in Fremont Coffeehouse」就以明亮的天光、常綠的植物，創造一種更具生命力、更靜宓的咖啡空間。華盛頓大學(University of Washington)附近則是另一個小咖啡館的集散地，這裡的咖啡館呈現一種暗色調的後現代風格，並且常播放重節奏的音樂，是西雅圖另一種屬於學生的咖啡次文化。

不論你喜歡連鎖店的統一口味，或是個人咖啡館的人性感覺，到西雅圖來，一定要喝一杯咖啡：你更可以外帶一杯咖啡走在綠化滿分的市街，體驗做個一隻手的人。

Starbucks本店前，常有許多街頭藝人演出。

西雅圖是咖啡迷聚集的聖城，隨處都飄著迷人的咖啡香。

咖啡館迷人的不只是一杯咖啡而已，一個角落和一個人的時光，也都讓人著迷。

Starbucks將義式咖啡規格化，也創造許多通行全球的咖啡用語。

Since 1983

❧ 經典咖啡館 ❧

Starbucks
創始店

🏠 1912 Pike Place

🕐 6:30～19:00

🚶 Starbucks位於派克市場內,可乘
15、18號公車

◯Starbucks將咖啡館定位為「第三種空間」,在家與辦公室之外,還有一個獨有或共享的空間。

1971年,Starbucks在派克市場(Pike Place Market)開業,原先只是一家販售咖啡豆與咖啡粉的小店。1983年,霍華‧蕭茲(Howard Schultz)加入星巴克負責行銷,因為一次到米蘭出差的經驗,他將義大利咖啡吧的概念加以延伸,把Starbucks轉型成為家與辦公室之外的「第三種空間」(third place)。

「Starbucks」一字出自赫爾曼‧梅爾維爾(Herman. Mllville)的代表作《白鯨記》(Moby Dick),原是一個嗜喝咖啡的大副之名。今天,這個名字跟著綠色美人魚的logo,在全球超過7500家的分店裡,販賣咖啡,也販賣一種布爾喬亞的生活情調——買咖啡不只是為了喝咖啡,還為了享受一段獨處或共有的時光。

今天,Starbucks創始店成為西雅圖派克市場的一景,即使相同的裝潢、相同的咖啡已經行銷全世界,許多遊客還是會特別來買一杯咖啡,或是拍張「到此一遊」的照片;畢竟對於全世界的咖啡迷來說,這是一個聖地,沒有這家創始店,今天的咖啡文化就不會是現在這樣。

◯除了Starbucks外,西雅圖還有許多的咖啡連鎖店,有的咖啡吸引人,有的以空間取勝。

Moby
Dick
Herman. Mllville

◯Starbucks辦起活動,就會請工作人員把咖啡筒揹在身上,讓路過的行人也能享受好喝的咖啡。

◯這就是Starbucks本店,如今稱霸全球的咖啡王國,就從這裡開始的。

Howard
Schultz

1 西雅圖有許多的雕塑藝術陳列街頭，讓城市空間更具人文氣質。

2 Still Life in Fremont Coffeehouse是家獨立經營的咖啡館，吸引許多不喜歡連鎖店的咖啡迷。

3 派克市場中的魚攤，常會表演著名的「飛魚秀」。

4 派克市場是西雅圖最大的公眾市場，也是著名的觀光景點。

5 在西雅圖，喝咖啡是全民運動，除了年輕人，老人們也很愛在咖啡館磋跎時光。

6 這是派克市場的入口，裡面有許許多多生鮮、熟食的著名店家。

7 這是日夜勞動的工人，是西雅圖的標地物之一。

8 西雅圖是個向海的城市，黃昏時候，不妨到港邊走走。

◀坐船往海上去，可以看見西雅圖的天際線。

San Francisco
San Francisco
San Francisco

舊金山
San Francisco
沿著咖啡館，找到回家的路

文字‧攝影：陳婉娜

與其說是去喝咖啡，不如說是要回家，絕對不只是因為一杯咖啡而已的，而是迷戀那裡的空氣、那裡的味道、那裡的光線、那裡的氣氛，還有一種胡思亂想的權利，全然釋放的想像空間。小小的咖啡館，居然擁有著這麼大的魔力，尤其冬日舊金山的街頭，孤獨的街道、寒冷的天空，人滿為患的永遠是藏在巷子深處，那隱約露出暈黃燈光的小小咖啡館。

咖啡廳是舊金山人的第二個家，舊金山人去咖啡廳，不是為了喝咖啡，而是為了要回家。咖啡廳裡擺著一個大桶子，順手在裡頭拿出了一份英文報，這些都是看完報紙不要的人，順手扔進來造福給其他人的善心報，咖啡廳裡，大大柔軟的沙發，取代了硬硬的木椅，讀著免費分享的英文報，陷在舒軟的沙發，喝著一杯香濃的好咖啡，想起帶了筆記電腦來，不用戰戰兢兢地問店家，這裡所有的插頭，都可以理直氣壯地隨便插，就像自己家那樣的。到舊金山喝咖啡很

像家，想坐多就坐多久，燈光很幽暗，表情很溫暖，一整面牆掛著的歷史老照片，就像家裡頭擺在床頭的親密照片一樣的，是一種放鬆回家的熟悉感，咖啡廳像是1/2個家裡的廚房。

1850年，淘金熱浪潮興起，大量移入的義大利移民，教會了舊金山人如何更浪漫地喝咖啡：上等的咖啡豆、不偏不倚的火候、用心煮出來的好咖啡，還要加上好聽的現場歌劇、愜意的陽光微風、半世紀的風霜桌椅，和一缸子說不完的故事傳奇。跟著歲月，等故事和咖啡平起平坐之後，喝咖啡，就變成了一種風流、一種詩意，甚至就像看一場懷舊的老電影。

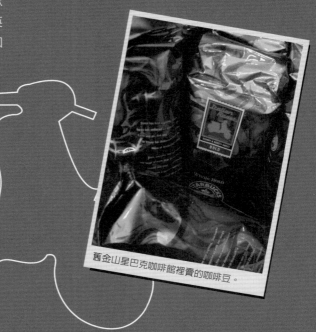

舊金山星巴克咖啡館裡賣的咖啡豆。

The View Lounge以高達9公尺、
巨大的扇型透明玻璃窗，
導入浩瀚的風景，
是視覺最震撼的舊金山咖啡館之一。

　　走在北灘(North Beach)的街頭，十步一家的溫情咖啡座，一家比一家舊，一家比一家老，歷史的光環與咖啡香較勁，不知是喝咖啡？還是喝歷史？像黑白老電影裡的咖啡館倒帶，更像是活生生的咖啡史料博物館。全美國西岸第一老的咖啡廳Caffe Trieste在這裡，美國文壇的重量級咖啡館Vesuvio Café也在這裡，不遠處的Buena Vista Café，在半個世紀前，更燒出了美國第一杯的愛爾蘭咖啡，舊金山耀眼的咖啡地標，在咖啡大老巴黎人的面前，也可以昂然地抬起下巴。

香，擁擠的程度會讓你以為是到了菜市場，一杯接著一杯，如噴泉般湧出的咖啡，源源不絕地從生活裡遞了出來，啊！這不是喝咖啡，這是回家！

到舊金山來喝杯咖啡吧！

　　人滿為患的永遠是藏在巷子深處，那隱約露出暈黃燈光的小小咖啡廳，如果不是溢出的咖啡

嬉皮的發源地Haight Street，如今仍留有許多的塗鴉壁畫和特色的咖啡館。

經典咖啡館

Vesuvio Café

255 Columbus Ave. San Francisco

(415) 3623370

朝著窗子往下看，思緒飄盪在過去和現在之間，咖啡的熱氣蒸濛了雙眼，故事變得離你這麼近，又飄得那麼遠，牆上風霜的老照片剝落了時光，咖啡杯撐不住滄桑的歲月，卻留下了感人的故事，沒有誰願意真正的離去，過去是這樣，現在也是這樣。

半個世紀前，這個角落曾經坐著大文豪、大詩人、大思想家，半個世紀以後，一個蓄著鬍子的電腦工程師，同樣的角落、同樣的桌子，癱在桌上，對著手提電腦猛打電動，兩旁翻著旅遊書的人，恐怕比真正拿起咖啡來喝的人還多，因為在這裡，純喝咖啡恐怕太過浪費，找不到故事聽的咖啡館，不叫咖啡館。只有咖啡的咖啡館，只能算是1/2個咖啡館，真正的咖啡館，藏著深度、藏著故事，咖啡只是咖啡廳的肉身，所以，別單純地想來這兒只是喝杯咖啡，沒有聽聽它的故事，是一種奢侈的浪費。

故事是從靠窗的那張桌椅開始，破落的桌椅，算一算是半個世紀前的老古董了，斑駁的紋理，掩不住的故事。那張椅子是大文豪金斯柏(Ginsberg)坐過的，那一年他剛從精神療養院出來，伏在桌子上振筆疾書，寫下了「詩人要經歷各種形狀的愛、苦難與瘋狂，他探索自我，把所有的穿腸毒藥在體內燒盡，但保留其中的精華」，當時被人當作是瘋子的他，卻成了後代推崇披頭派(Beats)最偉大的詩人，是瘋子？是詩人？是人們的眼光太過短淺，還是預言和遠見，總是要經過數萬杯咖啡時光的試煉，才能讓人看見殘忍的真相與救贖。

傳說那張椅子是大文豪傑克‧凱魯亞克(Jack Kerouac)的最愛，花了整整7年去旅行，卻只用3個星期寫小說的他，寫下了《旅途上On the Road》的曠世傑作，這兒滄桑的窗台，盛過他的青春，暈黃的燈光，讀過他的心事，一杯咖啡，一杯酒，都留不住他48歲因酗酒而亡的悲劇。

半個世紀以前，瘋狂的披頭族詩人們紛紛愛上了這兒，當1942年來自法國的店老闆Henri Lenoir開了這間Vesuvio Café的時候，他說什麼也不會知道，這裡往後會成為影響美國文壇，甚至影響了全世界的重量級咖啡館。舉世聞名的披頭族作家們、詩人們，像是鼎鼎大名的Jack Kerouac, Ferlinghette, Ginsberg, Dylan Thomas等等，夜夜笙歌流連這裡，用咖啡灌溉苦痛，凝視自己，催化出往後披頭派狂放不羈的自由思潮，甚而導引出爾後搖撼了全世界的嬉皮文化。

朝著窗子往下看，思緒飄盪在過去和現在之間，一杯咖啡，改變了全世界，Vesuvio Café裡的傳奇，在裊裊的咖啡香裡看見。

咖啡廳的外觀很有嬉皮感，宛如手寫的字體，原木情調的大門，還有看似彩繪效果的嵌花玻璃。

咖啡廳裡牆上到處掛著歷史的黑白老照片，就像在逛什麼博物館一樣的，歷史才是咖啡杯裡的驕傲。

拿著酒杯、坐在木桶上、赤裸全身，這是Vesuvio Café的木頭插畫店招。

兩層樓的咖啡館，從二樓俯瞰一樓的酒吧，這裡除了咖啡之外，也賣酒，喜歡坐在吧台品酒的客人不少，誰叫50年前披頭族(Beats)的大作家們，都不能沒有酒呢！

1

2

3

4

1 比起舊金山北灘(North Beach)上的百年老咖啡店,布拉格咖啡館實在算是年紀輕輕,但它曾經在當地英文報【舊金山十大最佳咖啡館】的讀者票選活動中,一馬當先、脫穎而出。

2 舊金山咖啡廳裡的插座,幾乎隨便你插,桌上放著的砂糖、奶精、餐巾紙,更是隨君亂拿,大方到有時你會覺得浪費,而且,因為老美怕胖,桌上很多放著的都是不會胖的代糖。

3 不像歐洲人都喜歡又濃又苦的黑咖啡,或是味道猛烈的Expresso,舊金山人喜歡甜一點的摩卡和奶味重的拿鐵咖啡,咖啡是愈甜的愈好,咖啡座是愈陽光的愈好,裝潢是愈舊的愈好,這是舊金山的三大咖啡生態。

4 一杯咖啡,一個Muffin鬆餅,早餐到咖啡店來敘一杯咖啡,已是多數舊金山人的生活形態,尤其在寒冬的舊金山清晨,流露出暖意的咖啡座,更是人聲騰沸、人滿為患。

5 有走廊就一定放著桌椅，否則就把後面的花園給讓了出來，如果坐在外頭太冷，店家就一定在戶外放著幾把取暖燈，喜歡在花木扶疏的庭院，或是在露天的走廊上喝著戶外咖啡，這是個超愛喝露天咖啡的城市。

6 布拉格咖啡館裡充滿著濃濃的異國東歐情調，這裡除了咖啡之外，還供應生機果汁（Organic Juice），近年來，健康禪風的興起，也吹進了不少舊金山的咖啡廳，除了咖啡之外，營養健康的生機果汁，也成了咖啡廳的噱頭之一。

7 設計新穎的咖啡廳在這兒不見得吃香，擺設愈舊愈好，歷史愈陳愈香，喜歡在牆上掛著黑白老照片，是這裡咖啡館的特色，還有風霜的陳設，腐朽的天花板，伴著古董感的燈，這樣的風霜咖啡屋，在這裡才吃香！

8 乘坐舊金山的叮噹車（Cable Car），可以到達舊金山古董咖啡屋的大本營 — 北灘(North Beach)，哪裡有無數的故事咖啡座，還有全加州最老的咖啡廳，咖啡痴們不能錯過！

大批的義大利移民，帶來了舊金山的咖啡文化，誰說美國咖啡是加了糖的黑水，這裡許多古董經典的咖啡座，誰也不能小看舊金山的咖啡文化。

彩紅旗飄揚的舊金山同志街(Castro Street)，也是許多特色咖啡廳的聚集地之一。

位在聯合廣場(Union Square)上的IL Caffee，是一個廉價卻可以看盡廣場風景的絕佳露天咖啡座。

San Francisco

COFFEE NEWS

舊金山某些咖啡廳，喜歡以布帘代替玻璃，只要拉開布帘，就可以看到大街上的情景，當然，別人也可以看見你在喝咖啡囉！

遇見101%的舊金山咖啡館

Buena Vista Café
🏠 2765 Hyde street San Francisco
📞 (415) 4745044
美國第一杯愛爾蘭咖啡的誕生地。

Cliff House
🏠 1090 Point Lobos Ave. San Francisco
📞 (415) 3863330
看太平洋落日最美的咖啡館。

Peet's Coffee & Tea
🏠 217 Montgomery street San Francisco
📞 (415) 4218420
舊金山土產最受歡迎的大眾化平民咖啡。

Castro Cheesery
🏠 427 Castro Street San Francisco
📞 (415) 5526676
全市最值得買咖啡豆的地方。

經典咖啡館

Caffe Trieste

🏠 609 Vallejo street San Francisco

📞 (415) 3926739

◁ 週六下午的現場歌劇演唱，已成了這個咖啡廳的傳統，這裡平常也是作家、藝術家們喜歡聚集的咖啡廳之一。

一聲華美的樂音劃破了夜空，四處流竄的音符俘虜了咖啡的香氣，這樣交相纏綿著，搓磨出喝咖啡的另一種異樣的情調。

一些人的眼睛是閉著的，不知是咖啡太美？還是音樂太美？透過耳朵看見滑過記憶深處的樂音，透過味蕾撫摸滴落在咖啡杯裡的心事，不需要眼睛，內心微微的敞開，就足以看見整個的世界。

那個角落坐著個男人，披頭散髮地振筆疾書，一口咖啡，一行字，在這個咖啡館裡最陰暗的角落，最後寫下了曠世電影《教父Godfather》的劇本，那個男人，就是舉世知名的大導演法蘭西斯‧柯波拉(Francis Ford Coppola)，那個角落，就變成了往後聞名的「柯波拉角落」，而這個咖啡廳，就是caffe Trieste：全美國西岸最古老的咖啡廳，也是舊金山古董咖啡版圖的第一。

半世紀前古老的桌椅都還在，占據一整面牆的大型壁畫，好像撥開雲霧，看見了一個臨海漁村的圖騰，頂著食物，牽著裸體小孩的義大利婦女，在漁船上辛勤工作的黝黑男人，藍藍的大海包圍了飄渺的城鎮，那是義大利北部最大的漁港——Trieste，是咖啡店的店名，也是店主人Giotta家族來自的故鄉。

思鄉的移民，從沒有忘記故鄉，在這兒留下了歷經了半世紀的老咖啡，還結合了義大利人熱愛音樂的傳統，每週六下午，獻上華美的歌劇或爵士樂演唱。

曾經是50年代披頭族(Beats)詩人們最愛鬼混的咖啡座之一，這裡的咖啡等於是和舊金山一塊兒成長的，如果想一輩子跟著咖啡一起到天涯海角的咖啡迷們，這裡絕對是你渴望流浪的地標。

🔺 相傳這個角落是大導演科波拉坐過的，他在這裡寫下了曠世電影《教父Godfather》的劇本。

▶ 牆上的巨幅壁畫，是描繪義大利漁港Trieste的海灣景色。

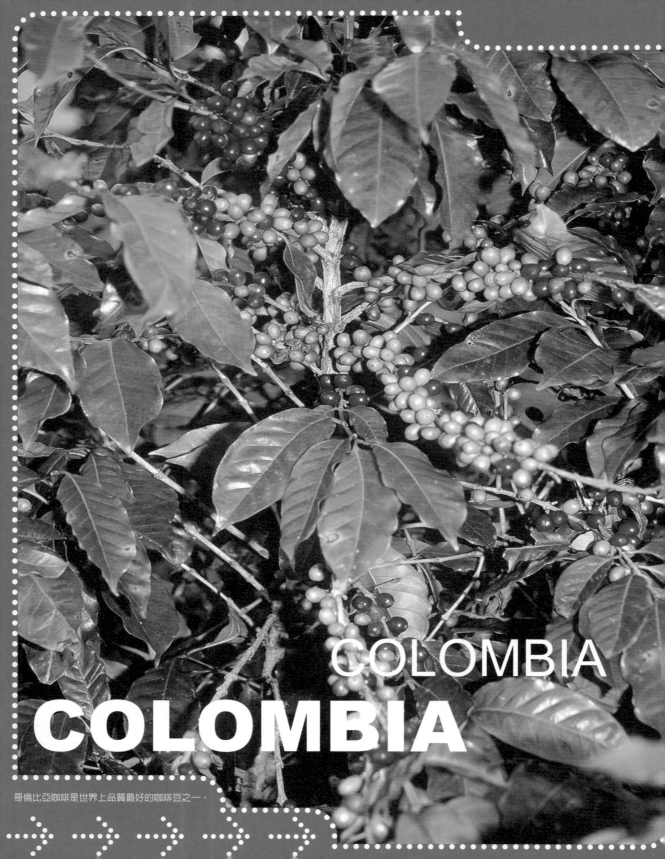

COLOMBIA

COLOMBIA

哥倫比亞咖啡是世界上品質最好的咖啡豆之一。

哥倫比亞
Colombia
穿金戴銀在家喝咖啡

文字‧攝影：王瑤琴

在哥倫比亞人家裡，雖然餐桌上擺滿精緻的餐具，但是最好的招待卻是喝咖啡搭配各種麵包。

　　哥倫比亞是世界著名的咖啡產地，其咖啡生產量僅次於巴西。

　　哥倫比亞是中美洲最富庶的國家，由於貧富懸殊極大，使得居民生活中充滿不安定的因素。而多數人對於哥倫比亞的印象，也都離不開電影中所描述的暴力和毒品等情節。在哥倫比亞，雖然日常生活中充滿咖啡文化，但是在首都波哥大(Bogota)或其他城市，卻看不到流行的露天咖啡座，原因是當地的治安情況欠佳，所以有錢人喜歡坐在家裡喝咖啡，或者前往高級飯店附設的咖啡館，以避免發生危險。

　　哥倫比亞出產的咖啡，分成許多等級，其中不乏世上品質最優的咖啡豆。在哥倫比亞，最好的咖啡種植在海拔3、4千公尺以上的安地斯山脈，其次是在火山岩種植的咖啡。位於安地斯山脈的高原城市—美得林(Medelin)，不僅是哥倫比亞咖啡的集散地，同時也是古柯鹼最氾濫的地方。從美得林前往種植咖啡的山區，沿途可見許多家庭農場，而且無論男女老少都從事與咖啡有關的行業。在當地，除了每天三餐都以咖啡為飲料外，連洗澡也使用咖啡皮浸泡，聽說頗有提神醒腦的功效。

　　在當地人家裡作客，女主人會細心地在餐桌上擺滿精緻的餐具，但是端出來的晚餐，卻是一壺香醇的咖啡、搭配各式各樣的麵包。此情此景，與其說哥倫比亞人吝嗇或小氣，倒不如說他們對於咖啡的自信與驕傲，是無人能及的。

　　除此之外，哥倫比亞生活中還充斥著其他特殊景象，例如：聖誕節前一個月，就有人將家裡佈置得好像聖誕禮物的專賣店一般，令人看得眼花撩亂。而喜歡炫耀的富商太太，因為不敢隨便外出，只好穿金戴銀坐在家裡與親友喝咖啡、聊八卦。

生活富裕的哥倫比亞家庭，會將客廳佈置得有如咖啡館一般，坐在這裡喝咖啡，比外面安全許多。

在美得林，不僅是咖啡的集散地，連銀行名稱都與咖啡有關。

夜晚的咖啡館，空氣中飄浮著一股咖啡的香氣，讓人有不想離去之感。

△波哥大是哥倫比亞的首都，也是中美洲最美麗的城市之一。

▽鄰近安地斯山區的小鎮，到處可見與咖啡有關的行業。

△在哥倫比亞，以高海拔的安地斯山脈所生產的咖啡豆品質最優。

Medelin

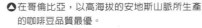

△哥倫比亞的小型咖啡館，是中下階層人士才敢去的地方。

▽在安地斯山脈，可以看到哥倫比亞工人採收咖啡的情景。

△利用農舍改造而成的餐廳和咖啡館，成為當地人最喜歡的喝咖啡去處。

哥倫比亞的咖啡園充斥著許多家庭農場，當地人都從事與咖啡有關的行業。

△在哥倫比亞的咖啡園，工人正在舖曬去皮的咖啡豆。

Beijing

Hong **K**ong

Tokyo

Hokkaido

Kyoto

Malaysia

Nepal

India

Dubai

Istanbul

Southern **C**yprus

Greece, **T**urkey

Jerusalem

亞洲 ASIA

BEIJING

北京
Beijing
象徵奢靡的「小資」情調咖啡風情

文字‧攝影：蘇皇寧

　　在北京這個深以中國古典文化自豪的都城中，咖啡館遠不如傳統茶館興盛，而20塊一杯的咖啡在這個5塊就可以吃一碗牛肉麵的地方，咖啡館又象徵了奢靡的「小資」情調，然而，近年來外資企業大舉登陸，帶動西方文化蓬勃發展，咖啡勢力自然也無可抵擋，逐漸在北京生根。

　　北京最早且發展最快的咖啡館非星巴克莫屬，要不，怎會連故宮內也可見其蹤跡！然後，因為內地名言「抄你一把是對你的最高級認可」，本土連鎖咖啡館SPR應運而生，乍看之下像星巴克的孿生兄弟，店面也持續成長中。

　　至於個性咖啡館，則集中在大山子藝術區。這裡由於獨特的歷史背景，咖啡館皆為60年代東德設計的兵工廠所改建，擁有強烈包浩斯風格，再加上毛澤東時期的文革宣傳色彩，形成全世界獨一無二的咖啡館風格。世界名牌咖啡如illy或Lavazza在此也不缺席，At Café, 798 Space, Mo, 江湖會館都是此區名店。

　　從「五」道口起家的雕刻時光，也是個性咖啡館的翹楚。或許因為老闆是台灣人，把台灣挑剔的咖啡文化帶到北京，店內舒適的環境、溫馨的氣氛、整面牆的書籍，吸引了許多年輕人和西方人，是北京成長迅速且極具潛力的咖啡館。

江湖會館的茶具都是專門訂製的，老闆的蒐藏值得細心玩賞。

Mrs. Shanen's Bagel的鮭魚貝果可謂色香味俱全，超級新鮮。

白日依山盡，黃河入海流，欲窮千里目，

白日依山盡，欲窮千里目，更上一層樓，黃河

　　隨著外資勢力的延展，針對老外口味而開的咖啡館也不在少數，這類型咖啡館標榜美味的西式餐點，裝潢也更「洋氣」，多集中在老外聚居的麗都商圈及溫榆河畔別墅區。當你看到老外成群坐在露天咖啡曬太陽，你還以為自己到了歐洲。

　　還有一類咖啡館是寄生在酒吧中，也就是白天開咖啡館，晚上變身酒吧。這類咖啡館在三里屯和后海到處可見。尤其后海因為得天獨厚的老北京風情及湖上風景，露天咖啡座滿是悠閒的遊客。

　　目前北京咖啡館雖非隨處可見，但是北京變化之迅速，世人有目共睹。相信在「小資」情調及「白領」勢力的帶領下，北京人手一杯咖啡的畫面，遲早而已。

二環立交橋旁的明代城牆遺址公園，是北京很特殊的古蹟之一，不去可惜！

798 Space貼心設計的閱讀區，可以讓你在悠閒之餘讀遍許多市面上少見的設計類雜誌。

這家很東南亞風格的咖啡館是后海最具歷史的咖啡館之一。

后海區的荷花市場是新興的酒吧及餐廳區，入夜後熱鬧得很。

1 進入AT Café，你會驚見國際級的illy咖啡標誌向你招手。

2 Mrs.Shanen's Bagel 位於外籍人士集中區域，專門為小孩設計的遊戲區，假日人氣沸騰。

3 Mrs.Shanen's Bagel的Waffle鬆軟香濃，令人難忘。

4 明亮溫馨的氣氛是Mrs.Shanen's Bagel得以吸引許多家庭常客的主要原因。

◀燈光美氣氛佳的咖啡館在北京已經不稀奇，大山子藝術區的咖啡館尤其特別。

北京

▲AT Café是早期兵工廠改建的咖啡館之一，別具特色。

文革時期的毛語錄與現代咖啡館形成的巧妙組合，是北京獨特的風景。

▲江湖會館是主人的嘔心瀝血之作，不論是裝潢和餐點都匠心獨具。

◉江湖會館的乳酪蛋糕是老闆花掉40公斤乳酪實驗而成的心血結晶，滋味不凡！

⬥Café 44的歐式風格是三里屯酒吧街中
非常突出的一家咖啡館兼酒吧。

⬥Café 44的三明治風味獨特,中午時常吸引
不少法國人光顧。

⬥在Café 44點紅茶附贈的杏仁餅乾,可是手
工製作的喔!

⬥舒適明亮的空間,
香醇的咖啡,美味
的餐點,是雕刻時
光成長迅速的主
因。

▶雕刻時光是台灣人
在北京的咖啡館代
表作,讓人有回家
的感覺。

⬥整面牆的書籍為雕
刻時光帶來濃厚的
人文氣息。

COFFEE
NEWS

⬥隨著西方文化的影響越來越深,強調質感的咖啡館將成為
新趨勢。

Beijing fashion

香港
Hong Kong
茶餐廳裡的鴛鴦特調

文字‧攝影：魏國安

茶餐廳的快速、省時、創新求變，就是香港人的最佳寫照。

雖說香港是一個美食之都，飲茶點心、匯萃各國美食的國際料理包羅萬象，但是，過去不少到香港旅遊的台灣遊客都會覺得：在香港，的確很難找到咖啡廳可以坐下來歇一下。沒錯，香港跟台灣比較之下，咖啡廳的數量的確非常少，如果早在4至5 年前到香港的話，相信就只有到飯店大堂的咖啡廳了。

過往咖啡廳沒有在香港普及，並不代表香港人沒有喝咖啡的習慣，只是香港人不太會享受喝咖啡而已。香港人會喝咖啡，只不過，我們會到茶餐廳喝，配一個菠蘿包、一份早餐、午餐、特餐、快餐或常餐，匆匆地坐下來又要趕緊返回公司去，在公司要喝咖啡的話，就喝三合一的即沖咖啡。對於從事創作的人來說，如果想要喝咖啡寫稿子的話，他們也會去茶餐廳：王家衛電影《花樣年華》與《2046》中的梁朝偉、電影《一本漫畫走天涯》中的周星馳，不也是在茶餐廳裡創作麼。

如果想要在茶餐廳點黑咖啡的話，可以點「齋啡」，不要擔心送上來的咖啡會加上素菜，廣東話「齋」有「只有」的意思，只有咖啡，不加糖、加奶的，就是黑咖啡了。黑咖啡又另有一個說法，服務生有可能會跟水吧說「咖啡要飛沙走奶」，但不要擔心他會在咖啡加上飛沙走石，廣東話「飛」、「走」都有不要的意思，咖啡不要「沙」糖 ，不要奶，也就是黑咖啡了。

2046
in the Mood for Love
in the Mood for Love
2046

COFFEE NEWS

⬆ 蘭芳園早於40多年前已於現址架建大排檔售賣奶茶，當時顧客主要為勞動階級，至今小鐵板屋擴充為地舖，不少人也特別前來，為嚐一口奶茶極品 ─「絲襪奶茶」。

HONG KONG

⬆ 與法國拿玻里、日本函館並列為世界三大夜景的維多利亞港景緻，任何來港旅遊人仕皆不會錯過。

▶ 每逢午飯或下午茶時間，茶餐廳裡總是座無虛席。

The Repulse Bay

◀⬆ 茶餐廳是香港獨有的文化產物，數十年以前，除中式飲茶點心以外，還有飲「西茶」的習慣，西茶意指由西方傳入的紅茶咖啡，還有英式貴族的High Tea社交文化。由於當時要嚐西茶非要到高昂咖啡廳不可，所以一種平民化價錢的西茶便順應而生。

2046

其實，香港的咖啡廳，就是無處不在的茶餐廳：這裡沒有咖啡廳的甜甜圈、起司蛋糕，只有酥皮蛋塔、菠蘿包或雞尾包；這裡沒有設計師沙發與書刊，只有包廂硬座與當日報紙；這裡沒有拉丁音樂或爵士樂，但或許會有電視新聞報導或電視劇主題曲；這裡不會有那鐵、摩卡或卡布其諾，但卻可以給你調出一杯將咖啡與奶茶混起來的港式特飲「鴛鴦」。

不過，近年來，隨著「星巴克」、「Pacific Coffee」等連鎖經營的咖啡廳陸續在全港各區擴展，休閒舒適的「嘆」咖啡(享受咖啡)，竟突然成為了一股熱潮，不少自家經營的咖啡廳都開在大街旁的大廈二樓上，還兼營上網或漫畫書籍借閱服務。但是，對於想要親身體驗道地香港咖啡文化的人來說，還是在茶餐廳才能找到真正的香港咖啡吧！

香港茶餐廳的獨創產物「波蘿油」，即在熱燙的波蘿包之中，放入一片生奶油的吃法，差不多在每一家茶餐廳都可以吃到。

茶餐廳裡不會有那堤、摩卡或卡布其諾，但卻可以給你調出一杯將咖啡與奶茶混起來的港式特飲「鴛鴦」。

跟雞尾酒沒有關係的「雞尾包」、從澳門傳過來香港的葡式蛋塔，都是茶餐廳裡的指定食品。

星巴克的抵港，讓忙碌的香港人更懂
得享受咖啡時光。

香港

1 美國國家地理雜誌曾選出，「乘坐天星小輪遊維港」是「人生五十個必遊景點」之一。

2 因著「阿飛正傳」，「皇后飯店」就曾經有一行300人的日本影迷，組團前來朝聖。

3 吸引王家衛導演在「皇后飯店」取景，拍攝「阿飛正傳」的原因，就是餐廳的五、六十年代老香港氛圍。

4 要親身體驗道地香港咖啡文化的話，到茶餐廳來準沒錯。

5 「皇后飯店」自1952年以來，都是主要經營中價位的俄國料理。

6 「皇后飯店」的一杯「飛沙走奶」。

7 啟用於西元1888年的山頂纜車，是香港第一種交通工具。

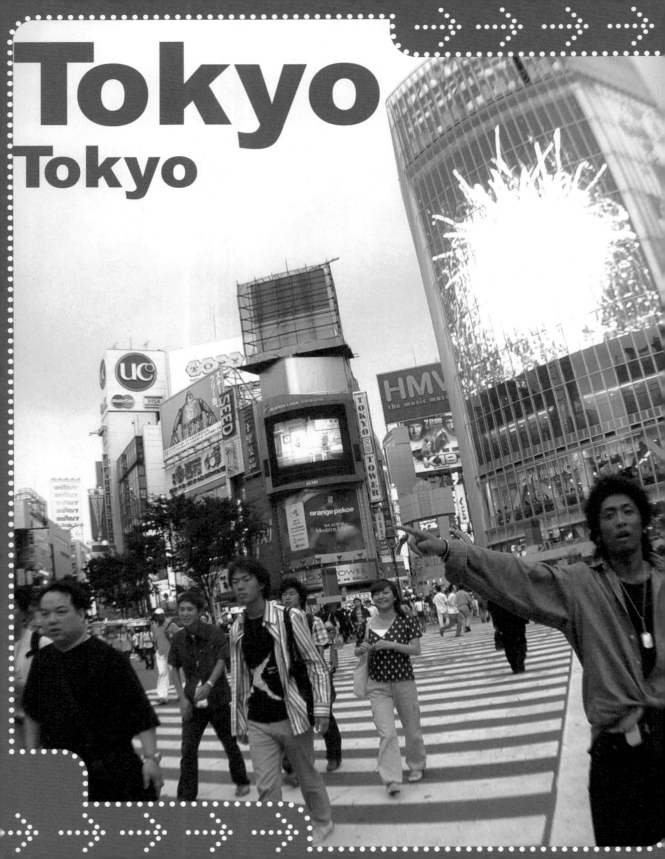

Tokyo
Tokyo

東京
Tokyo
坐下來，好好看懂東京

文字·攝影：魏國安

　　每次到東京，總是不眠不休的到處跑百貨公司，跟東京人擠山手線、跟辣妹酷哥搶衣服，難道「遊東京」這回事，真的這麼趕、這麼緊迫、這麼糟透了嗎？有沒有想過，在東京好好享受一個下午，放下裝滿東京潮流的紙袋、塑膠袋，靜靜地坐下來喝咖啡，看一下這個都市的人是如何走路、如何跟人家打招呼、在咖啡店如何喝咖啡……。

19世紀末至20世紀初的東洋浪漫，來這家懷舊味道極濃厚的銀座咖啡店自能體會得到。

澀谷咖啡廳

　　澀谷是東京潮流年輕族的據點，這裡的咖啡廳，可見東京的前衛傲慢、可見其源源不絕的都市推動力。在公園通附近有一個，由多家人氣品牌所組成的優閒購物地段。這裡就有不少在一樓或二樓的個性咖啡廳，其獨特的歐風外觀，一整列面向行人路的白藤椅座席，就如澀谷的時裝一樣又酷又注目。

　　在20世紀法國畫家馬蒂斯·恩利(Matisse Henri)的掛畫下，坐著喝咖啡的都是穿著入時的年輕人，雖然這個畫面聽來似是格格不入，但掛畫卻顯得更前衛、年輕人卻顯得更有氣質，小小的咖啡廳，讓過去與現在碰面，讓矛盾產生出更活跳的東京動力。

澀谷的抽象咖啡圖案，就如區內所發佈的潮流情報一樣前衛。

　　澀谷的十字路口，人潮如海浪，早已成為東京的標誌之一。要看清楚這個滿是潮流沖擊的都市漩渦，十字路口旁邊的「Q-Front」商場內，就有一家全世界銷售額最高的星巴克，這裡的顧客流量非常多，即使是安裝了義式濃縮咖啡的自助販賣機，門外依然排著長長的人龍。

細微至砂糖的選材，銀座咖啡廳都會叫你有驚喜。

在這家「觀景星巴克」裡，彷彿就置身在東京的核心之中，在2樓或3樓的座席上，看到腳下十字路口的人群，不斷地往中心聚合，又不斷地向外散離，他們就是帶動整個都市轉動的齒輪，在這裡，就讓你看到真正的東京。

代官山咖啡廳

雖代官山與澀谷只隔一個火車站，但其氣氛卻是迥然不同。這裡的咖啡廳不會出現洶湧人流，他們跟多家個性小店手牽手，組成了優雅又閒適的高級購物商圈，你可以散步的步伐、漫遊購物的心情，挨家挨戶地細細探尋，不經不覺之間，一個悠閒的下午，竟沒有看過手錶，就靜靜溜走了。

在眾多名牌及外國大使館集結的「舊山手通」上，就有一家個性咖啡廳「Café Michelangelo」。店前有一整列陽光藤椅座席，配合通風開揚且綠意盎然的佈置，散發著典型的代官山高貴氣質。這裡除了有柔和的午後陽光、香濃的意大利咖啡及蛋糕，還有打扮入時的帥哥美女時裝表演秀欣賞，讓人感受到東京其中一處最時尚的購物氛圍。

在代官山的咖啡廳，看不到的黑臉金髮的短裙原宿辣妹，只有穿著高貴又莊重的仕女們在品嚐咖啡、店前藤椅座椅上的老先生正在跟小狗兒說話⋯⋯衣領整齊的服務生給我送上了一杯咖啡、一小瓶及砂糖，我的代官山下午茶時光就要開始了。東京各區的咖啡廳，都有著其獨特的性格，到不同的區域喝咖啡，自會看到不同的東京咖啡文化。

▶ 在代官山區內不難發現，散發著地中海小島風情的咖啡廳。

▶ 在淺草的咖啡老舖，雖沒有銀座咖啡店高貴雅緻，但品嚐到的這杯下町咖啡更有道地風味。

▶ 在購物過後，享受咖啡時光這回事，是到訪代官山的指定行程。

◀ 咖啡廳前的黑板，每天紀錄著美味的咖啡回憶。

▲ 星巴克在美國及加拿大以外地區的首家分店，1996年8月選址在銀座松屋百貨及三越百貨店後的松屋通著陸。

在咖啡店樓上的雅座靜靜坐下來，雅緻的裝潢配合咖啡香，組成了最浪漫的東京咖啡廳回憶。

置有噴水池的室外庭園座席，是一個山雅緻又高貴的表現。

一整列面向行人路的白藤椅座席，讓這裡成為澀谷區內，一個又酷又注目的優閒咖啡店。

充滿歐洲時尚品牌的裝潢通道，旁邊就有一家露天咖啡廳，在歐風拱型石雕的樓頂下，享受著下午的咖啡時光。

Hokkaido

Hokkaido

北海道
Hokkaido
充滿色彩的北國咖啡體驗

文字‧攝影：魏國安

日本的大自然北國「北海道」，予人印象是充滿色彩的，夏天有薰衣草的紫艷、原野的綠意盎然、冬天有雪地的銀白與浮冰的寶石藍；還有小樽與函館、一年四季也在綻放的歐風浪漫色調……北海道的咖啡，就是充滿色彩的咖啡。

夏天在富良野、美瑛喝咖啡，是一種身心靈與大自然的交流。這裡的咖啡廳，是一所建在廣闊大草原丘峻上的小木屋，你會帶著期盼踏著腳踏車，遠遠地到來。咖啡廳牆上沒有掛什麼名畫，簡單的一個窗框，正精彩展示著大自然的奇妙變化；這裡也一定會播放古典樂或爵士樂，只要你到露天座椅上閉目細聽，蟲叫鳥鳴、風吹草動、花開葉落都仿佛發生在咫尺之間，在天賴的洗滌下，咖啡骨碌的一聲滑進肚裡去，實是種說不出的舒泰。

小樽與函館的咖啡廳，都是滿有小鎮港口風情的，他們多改建自古宅，或是歐式的木建築，裡裡外外佈置得精緻又可愛。咖啡廳多開在滿是歐風建築的歷史街道上、如通往函館港的多條石板道上，又如曾為小樽金融大道的堺町及色內通上。喝一口咖啡，嚐一口點心，透過蕾絲窗簾看一下窗外，只見紅磚倉庫、海港渡輪、英式庭園、石板小道、石建洋房……都在營造濃厚的明治浪漫。

北海道各地區的咖啡廳，主要都在當地的火車站附近，無論你要往北海道那裡去，都要坐火車，都可探一下各區咖啡廳的不同。

在北海道的晴朗天空下喝咖啡，是遊北海道的獨特行程。

▶「小樽運河」每晚在63支仿古煤氣燈、小樽紅磚倉庫群的襯托下，不斷散發其「浪漫魅力」，吸引每個渴望享受異國情懷的旅人前來。

Hokkaido

北

▶採拜占庭建築風格建造，有「函館之顏」之稱的「函館東正教會」。

🔺沿用舊英國領事館內的飯廳及客廳，所改建而成的咖啡廳。

▶位於小樽的Le Tao，每天現場精製的蛋糕及現磨咖啡，還有露天茶座可讓遊客享受寫意悠閒的小樽下午茶。

COFFEE NEWS

▶創業自1978年，位於函館山登山纜車站附近的「元町一番館」，是一間充滿異國情懷的紅磚屋高級咖啡店。

JAPAN

◀薰衣草是北海道旅遊的代言人，單止「富田農場」的夏天入場人數就已超過100萬。

HOKKAIDO INVITES YOU

經典咖啡館

海貓屋(小樽)

🏠 北海道小樽市色内2-2-14

📞 0134-32-2914

🕐 11:30-14：30、17：30 -22:00(星期二休息)

🚶 由JR小樽火車站步行10分鐘

　　「海貓屋」是一家改建逾百年歷史紅磚倉庫的咖啡廳，在小樽已有20年歷史。「海貓屋」除了聞名的咖哩飯及咖啡之外，亦曾經多次作為電影、電視劇拍攝場地以及小說故事的場景，而令不少日本國內遊客特地造訪。店內設計氣氛獨特，紅磚倉庫的一樓是吧檯及露天小茶座，二樓則是鋼琴咖啡廳及時尚料理空間。

◀紅磚倉庫的一樓是吧檯，晚上有不少遊客或小樽市的市民在這裡喝酒談天。

經典咖啡館

舊英國領事館咖啡廳(函館)

🏠 北海道函館市元町33-14

📞 0138-27-8159

🕐 09:00-19:00(4月至10月) (年中無休)
　09:00-17:00(11月至3月)

🚶 函館火車站前乘5號前往「函館どっく前」方向的電車，於「末廣町」電車站下車後再步行12分鐘，車程5分鐘，費用200日圓。

　　咖啡廳是沿用舊英國領事館內的飯廳及客廳所改建而成，食客可選擇在置有真皮沙發、壁爐，佈置成聖誕節氣氛的客廳；或是置有歐洲古董傢具桌椅，可一邊享用餐點，一邊觀賞英式玫瑰庭園風景的飯廳；又或是客廳旁邊的陽光茶座藤木椅上，靜靜享受英式下午茶。

▶一般紅茶或咖啡550日圓，而1000日圓的下午茶簡餐，則有三明治、蛋糕、曲奇、英式鬆餅及咖啡。

▼飯廳裡，可以一邊享用餐點、一邊觀賞英式玫瑰庭園風景。

Kyoto

京都
Kyoto
古都吹起新和風咖啡香

文字・攝影：魏國安

日本的3千年古都「京都」，是旅人體驗日本傳統文化的必遊之地。其世界文化遺產、古剎宮殿，得到完善的修葺保存，實有賴日本政府的大力支持；至於其傳統手工藝產業，得以歷久而彌新，則要歸功於「新和風」：一種將現代設計意念放到傳統手工藝的概念。

到京都喝咖啡，也是一種讓人看到新舊和風交會、東西方文化相融的「新和風」體驗。近年來，京都的咖啡店，都愛開在古老的民房或老商店之中，他們會將傳統町家加以改裝佈置，感覺既古且今、質優又高雅，只短短數年間，旋即成為京都餐飲業的主流方向。咖啡的香濃、爵士樂的薩克斯風、或是R&B的節奏，把沉睡中的町家喚醒，穿上新衣、又再次變得青春起來。

置身在數百年的木建築、和風町家中喝咖啡，叫人感受到百多年前，咖啡與日本人在長崎的美麗初邂逅。慢慢將咖啡送到口中，閉上眼，發覺四週的柚木地板、木窗框、橫樑支柱都在輕輕的呼吸著，像睡著、又像要跟你細述她的過去。古建築的柚木香，烘焙蛋糕的香軟、與咖啡香所混和出來的雅致，就如特濃咖啡一樣的淳厚。

一家改建自古老大宅的咖啡店，通常會保留有傳統民家獨有的廚房、走廊通道或水井戶等；而改建自老商店的咖啡店，則會保留有櫃檯、玄關或二樓貨倉，喜歡的話，可以選擇在水井戶、櫃檯旁坐下來，又可以在咖啡店前細看町家建築的精妙。到京都喝咖啡，更是一個古都歷史建築體驗之旅。

每年秋天紅葉的時節，火紅紅的「東福寺」，吸引了所有賞楓的目光。

由町家改建而成的咖啡廳，
廣受年輕一族的歡迎，
百年老建築又再次變得青春起來。

誰知道，古老的店頭背後，就是現時京都年輕人最愛的咖啡廳？

展現古老木構建築的咖啡廳，儼如一個歷史資料館。

COFFEE NEWS

一室的爵士樂、一杯香濃咖啡、還有一張舒適坐椅，與一本從書架中選出來的書籍，就是一個最悠閒的京都下午咖啡時光。

經典咖啡館

Second House

京都市中京區東洞院通蛸藥師上ル

075-231-1717

休 無休

一樓：10:00~21:30
二樓：11:00~21:00

乘搭地下鐵烏丸線往國際會館方向，於四條下車，從21號出口沿烏丸通走，再折入蛸藥師通，步行3分鐘。

顧名思義，Second House就是間二手屋，在改建為咖啡廳之前，這間百年古老町家原為一吳服店(即洋服店)，其外觀至今依然保留有木格子窗飾，及一文字瓦頂等町家建築特色。咖啡廳一樓就是蛋糕工房，有現烤現賣，新鮮出爐的麵包蛋糕；二樓則是一間主售現場揉製義大利麵的個性西餐廳。

Malaysia

馬來西亞
Malaysia
隨手沖泡的尋常生活味

文字・攝影：陳慶祐

益昌咖啡粉(Aik Cheong)是馬六甲名產，本店就座落在老街的尾端。馬來西亞人把咖啡叫做「Kopi」。

其實，「咖啡館」是一種很西方世界的文化。對於馬來西亞人來說，喝咖啡不一定要在咖啡館，咖啡是種日常飲品，咖啡館卻不是每天要報到的地方。

在馬來西亞的「媽媽檔」(小食攤)一坐下來，就會有人來問你要喝什麼？從新鮮果汁、涼茶到冰品應有盡有，咖啡當然也是其中一味。這裡喝的咖啡不是虹吸式、不是Espesso、更沒有什麼Latte、Cappuccino，就是罐裝或是沖泡式的咖啡。一邊吃著肉骨茶、福建蝦麵，一邊喝著咖啡，咖啡或許不再是主角，卻更懂得了人間煙火。

走進馬來西亞的印度餐廳裡，煎餅是一定要點的，「拉茶」、「拉咖啡」更是不能錯過。只見師傅在滾燙的咖啡中加入濃厚的奶水，然後用兩個杯子不斷倒來倒去，咖啡經過這一次次「拉」的功夫，就變得更醇厚、滑溜好入口。另外，吉隆坡的華人多會說廣東話，飲食文化也深受香港的影響；他們會在茶餐廳裡喝咖啡、吃點心，尤其是香港特有的「鴛鴦」(奶茶加咖啡)，這裡也處處可見。

吉隆坡是個國際大城市，美國咖啡連鎖店在這裡也都開有分店。包括Starbucks、The Coffee Bean & Tea Leaf、Dome、San Fransico……等等，特別是星光大道、雙峰塔附近，更是這些咖啡連鎖店的集散地。相較之下，這些連鎖店的咖啡並不便宜，喝咖啡更像是一種消磨時光的享受。

走進益昌，老闆娘剛好煮了咖啡，特別倒一杯給我品香。剛煮出來的益昌咖啡有種焦糖香味，濃黑的顏色很合適早晨的心情。

◑馬六甲處處古蹟,是許多服裝、時尚雜誌熱愛取景的地方之一,模特兒的青春襯著紅樓的老沉,讓時光的挪移更具詩意。

詩意的馬六甲
Poetry

The Coffee Bean & Tea Leaf

◀在台灣已不見蹤跡的「The Coffee Bean & Tea Leaf」,在吉隆坡還是處處可見,冰沙系列是這家店的主打商品。

Coconut House

◑大名鼎鼎的「椰子屋」就座落在馬六甲老街,古樸的建築加上滿眼的綠意,讓這家店在外觀上就吸引了眾人目光。

◔「椰子屋」的入口處陳列有庄若的報導,因為主人對於馬華文學的豐功偉業,讓這家店成了馬六甲的名勝之一。

◔在雙峰塔商場中的「The Coffee Bean & Tea Leaf」喝咖啡,可以一邊曬著陽光、欣賞綠意,一邊喝著沁涼的咖啡冰沙。

Scenic Spot Coconut House

Street Vendor

◀無論你來自東方或西方，到了馬來西亞，千萬不要錯過路邊小攤。

🔺馬六甲的長屋建築最大的特色，是屋中有一片天井。「椰子屋」在天井中有棵碩大椰子樹，除了呼應店名，也讓室內景致更具南洋風。

馬六甲是一座老城，老街一帶也有不少老房子改建成的咖啡館，「椰子屋」是其中一家名氣較高的。這裡的主人庄若曾經編過一本藝文雜誌《椰子屋》，對於馬華文學有極大的貢獻。雜誌收掉以後，他在馬六甲開了這家咖啡館，還砌有一座烤Pizza的石爐，咖啡和Pizza都很值得推薦。

馬來西亞的即溶咖啡更是一絕。本地的即溶咖啡在烘焙時加入了牛油與麥芽糖，所以咖啡湯水黝黑，不加糖也有甜味。另外，「正宗怡保舊街場白咖啡」也是許多遊客會買的伴手，加入糖和脫脂奶粉的咖啡特別香濃。

誰說喝咖啡一定要在咖啡館？有時候隨手沖泡的咖啡，才喝得出尋常生活的好滋味。

Starbucks
The Coffee Bean & Tea Leaf
Dome San Fransico

Pizza是「椰子屋」的招牌，廚房中設有石塊砌成的烤爐，讓烤出來的Pizza風味十足。

冰咖啡中還特別加入了椰奶，讓東方與西方在這家店裡巧妙相遇。

「Old China Cafe」是許多人到吉隆坡指名要去的餐廳，座落在唐人街附近，店裡的陳設流露著老中國的味道，無論餐點或飲品都相當優秀。

很多人到馬來西亞，喜歡買些即溶咖啡帶回家，這裡的咖啡粉物美價廉，是相當不錯的「伴手禮」。

「媽媽檔」是馬來西亞的小攤，你可以隨意坐下來，點杯飲品、叫各家的食物來吃，是馬來西亞人很重要的外食及交誼場域。

吉隆坡的商場中，常有這樣的咖啡座，讓逛街累了的遊客，有個歇歇腿的地方。

印度食物是到馬來西亞不能錯過的美食，咖哩、煎餅最合適搭配的飲品，當然是「拉茶」、「拉咖啡」囉。

這是電影《夏日麼麼茶》拍攝場景之一，也是馬六甲著名的咖啡館與酒吧，夜來的時候，許多西方人都愛坐在露天座位，喝喝咖啡、聊聊是非。

🔺「The Café」是吉隆坡這兩年最in的時尚咖啡館之一，主人從英國跳蚤市場搜羅了許多擺設，讓整個咖啡館呈現一種懷舊而古典的風味。

China Town

▶吉隆坡唐人街有許多不能錯過的小吃，「金蓮記」就是其中一家。

🔺站在階梯上看「The Café」，根本不像身處吉隆坡，而像是在歐洲的某個具歷史感的咖啡館中。

🔺馬六甲的老房子在陽光下駐足了上百年的光陰。

◀吉隆坡的星光大道上，有許多的露天雅座，從白天到晚上，總有川流不息的人潮。

Walk of Fame

Nepal

渾然天成的美景，只有在尼泊爾山區的咖啡之能親眼
目睹。

尼泊爾的春天，處處都是純淨的自然景觀。

尼泊爾
Nepal
渾然天成的美景咖啡館

文字・攝影：王瑤琴

在加德滿都，位於頂樓的咖啡館都是眺望谷地景觀視野最佳之處。

尼泊爾人本來是喝茶的民族，60年代中期、來自歐美的嬉皮人士進入尼泊爾，不久就將加德滿都視為人間天堂。這群裝扮怪異的嬉皮，之後陸續將西方流行音樂、藝術、咖啡和毒品……等都帶進尼泊爾，使得當地的生活文化遭受極大衝擊。

80年代以後，隨著嬉皮文化逐漸式微，不知何故、那些長髮嬉皮也突然消失在尼泊爾；然而他們住過的房屋或旅館卻被保留下來，目前不是變成餐廳就是咖啡館。

在加德滿都，昔日嬉皮聚集的地方被稱為奇異街(Freak St.)，又稱為嬉皮街。在這條小小的街道上，燈光依舊昏暗，地面也是泥濘不堪，但是卻成為年輕自助旅行者最喜歡的住宿地點。

現代的加德滿都，幾乎所有咖啡館都開設在古老建築物或頂樓的陽台。在此喝咖啡，不僅可以遠眺環伺四周的雪山，也可以近距離觀賞谷地內的寺廟或佛塔。對於尼泊爾人而言，喝咖啡是時髦的象徵，因此咖啡的品質和煮法都沒有特定的喜好。但是在加德滿都谷地，大部分的咖啡館或餐廳都擁有最佳視野，而且消費絕對低廉。

尼泊爾的咖啡館外觀比較簡樸，但是內部裝飾卻具有獨特風格。例如尼泊爾式或西藏式的咖啡館，客人都是坐在地毯或布墊上喝咖啡；在微暗的燈光投影下，隱約透露出一股迷濛的氣氛。

在尼泊爾，除了加德滿都谷地以外，還有充滿湖光山色的波卡拉，以及登山客趨之若鶩的喜瑪拉雅山區，處處屹立著許多小型咖啡館。其中有些咖啡館老闆是外國人，他們追求的不是咖啡所帶來的財富，而是周遭渾然天成的美景。

◔位於博拿佛塔邊的頂樓咖啡館，是拍攝此佛塔最佳角度。

◔位於建築古蹟頂樓的咖啡館，是俯瞰巴克塔布廣場的最佳角度。

COFFEE NEWS

▷在喜瑪拉雅山區，雪巴人所開設的小型旅棧兼咖啡館，都是各國登山客情報交流之處。

◔位於帕坦杜兒巴廣場邊的頂樓咖啡館，是喝咖啡兼賞景的最佳去處。

◔在加德滿都，每座皇宮廣場旁邊的房宅頂樓都變成咖啡館。

🔺在喜瑪拉雅山區健行或登山，都可找到視野良好的咖啡館兼
餐廳。

🔺充滿嬉皮味道的咖啡館，採用幽暗的
燈光以增添神秘氣氛。

🔺在尼瓦式的餐廳，可以喝咖啡
搭配傳統料理。

🔻位於帕坦的杜兒巴廣場，除了
琳瑯滿目的手工藝品攤位外，
頂樓咖啡館也成為特色之一。

India

在久德浦爾的烏麥・巴旺皇宮旅館，可以享受到
帝王般的喝咖啡氣氛。

印度
India
高級飯店內喝咖啡的時髦象徵

文字‧攝影：王瑤琴

在印度的首都新德里(New Dehli)，隨著時代改變、加上受到西方文化的影響，已經有愈來愈多的印度人喜歡坐在高級飯店內喝咖啡，以提高自己的身份地位。印度人本來是喝茶的民族，然而喝咖啡卻被視為時髦的象徵。當地人喝咖啡，對於咖啡的品質並不要求，最重要的是坐在一起喝咖啡的對象，以及喝咖啡的場所。

印度社會中有種姓制度(Caste)，主要分成婆羅門(Brahmana)、剎帝利(Chhetri)、吠舍(Vaisya)、首陀羅(Sudra)等四大階級，以下還有婦女和賤民。這種階級制度，對於印度人的婚姻、教育、社交、職業和飲食等，都有嚴格的規範。根據當地傳統、不同種姓階級的人，不可以通婚或社交，甚至於不能同桌吃飯或喝咖啡。

印度人用餐的時間比較晚，午餐時間大約下午2-3點，晚餐時間約在晚上9點以後。因此大部分的印度人，都會在午餐和晚餐之前喝咖啡或喝茶，並搭配各式各樣的甜點。在印度各地購物，幾乎每家商店的老闆都會叫外賣的小販，將咖啡或奶茶送到店裡，然後請客人坐下來，一邊喝、一邊討價還價。在此即使沒有購物，內心也不必感到愧疚，因為這是本地商人特有的作生意方式。

在新德里或印度其他城市，都有許多咖啡館是為了迎合外國遊客所開設的。這些咖啡館佈置簡單，消費也極為低廉，適合來自各國的年輕自

位於新德里的高級旅館，是印度高級種姓階級喝咖啡與社交場所。

印度的皇宮旅館，不僅是喝咖啡的最佳去處，也是富商或貴族舉辦宴會的場所。

助旅行者。除此之外，各地高級旅館所附設的咖啡館，都是種姓階級較高的印度人，舉行婚宴、相親、家庭聚會或洽談商務的最佳場所；這時正是向親朋好友炫耀財富的大好機會。

◨烏麥‧巴旺皇宮旅館門廊下的咖啡座,是中世紀印度皇室生活的縮影。

◨位居喜瑪拉雅山區的錫金,也有雪巴人所開設的小小咖啡館。

印度路邊攤販所出售的咖啡和飲料,主要客人多為種姓階級較低的族群。

◭在印度高級皇宮旅館喝咖啡的族群,其中不乏來自世界各地的遊客。

◭在印度喝咖啡被視為時髦的象徵,也是接待貴賓最佳方式。

◭在普須卡的水宮旅館,其服務人員一律穿著拉賈斯坦傳統服裝。

◭在城堡拍攝電影的臨時演員們,利用拍戲空檔坐在一起喝咖啡聊天。

Brahmana

◀ 坐在恆河旁邊的陽傘下喝咖啡,可以看到印度教徒在此沐浴淨身以及火葬的畫面,感覺相當複雜。

Sudra

▲ 烏代浦爾的水上宮殿旅館,充滿悠閒的度假氣氛,也是喝咖啡最佳去處。

Vaisya

▲ 坐在齋浦爾的沙孟皇宮旅館喝咖啡,彷彿置身於中世紀的印度宮廷,充滿華麗的貴族氣息。

◀ 仿照狩獵行宮所建造的旅館,其花園涼亭即是喝咖啡的地方。

柏瓷‧阿拉伯塔飯店的大廳，無論地毯或天花
板設計，都予人奢華的視覺震撼。

杜拜
Dubai
盡情體驗奢華的阿拉伯世界

文字・攝影：王瑤琴

杜拜被視為沙漠中的奇蹟，首先讓人驚訝的是機場內設有高科技的「虹膜攝影」通關檢查，其次是到處聳立的現代化高樓大廈，以及多采多姿的休憩活動與夜生活。

杜拜以外來人口居多，平時在街頭露天咖啡座，即可看見來自不同國度的男性，聚在一起喝咖啡和聊天。到了黃昏以後，位於阿拉伯灣(Arabian Gulf)每家飯店的咖啡館，幾乎都是高朋滿座；在此喝咖啡，重點並不在於咖啡本身的風味，而是盡情體驗奢華的阿拉伯世界。

杜拜是阿拉伯聯合大公國的成員之一，在阿聯酋7個公國之中，以阿布達比的石油和天然氣蘊藏量最為豐富，但是知名度最高的卻是杜拜。杜拜之所以出名，並不是因為石油，而是杜拜在阿拉伯海灣所締造出來的建築奇蹟。其中最受矚目的是座落於人工島嶼上的柏瓷・阿拉伯塔飯店(Burj Al Arab)，是目前全世界唯一的七星級飯店。其他還有正在興建中的微型地球島嶼和棕櫚島。(The Word & The Palm-Jumeirah)以

柏瓷・阿拉伯塔飯店外觀像帆船，航行於美麗的波斯灣，目前是世界上最高級的飯店。

及168層的杜拜塔大樓。

柏瓷・阿拉伯塔飯店是杜拜的新地標，這棟建築物造型有如一艘白色的單桅帆船，屹立於美麗的阿拉伯灣。此飯店除了外觀充滿科技化和現代化，內部的裝潢更以「純粹的奢華」為主題設計而成。

來到杜拜，即使不住在柏瓷・阿拉伯塔飯店，也一定要到這家飯店用餐或喝咖啡，才能夠近距離欣賞此建築物之美。此飯店內有6間頂級的餐廳，其中一家餐廳位於頂樓，可用180度視野俯瞰阿拉伯灣的美景；另外還有一家是海底餐廳，前往用餐時、可搭乘一小段潛水艇體驗海底世界，顯得噱頭十足。然而這些餐廳，只有每周五才開放給非住宿的客人享用，所以必須提前2、3星期或一個月預約。在柏瓷・阿拉伯塔飯店用餐和喝咖啡，放眼望去、多為身穿白色袍服的阿拉伯男性，或是臉上蒙著黑紗的伊斯蘭教女性；但是從他們身上都隱約可見世界知名品牌的手提包或涼鞋等，充滿上流社會的氣派。

在杜拜，除了坐在七星級飯店喝咖啡，融入當地的奢華氣氛以外，還可坐在具有阿拉伯風味的Madinat Jumeirah飯店，以及現代感的Jumeirah Beach飯店喝咖啡或用餐；此兩家飯店的咖啡館，都是眺望柏瓷‧阿拉伯塔飯店的最佳位置。這三家飯店屬於同一集團經營，由人工沙灘和運河相互串連，必須住宿其中一家飯店，或預約用餐及喝咖啡，才能進入參觀。

阿拉伯皇宮旅館建有木造拱頂的涼亭和走廊，可以通往露天咖啡館和阿拉伯市集。

位於阿拉伯市集的咖啡館，不需要太多佈置，與周圍的伊斯蘭建築融合為一體。

從阿拉伯皇宮飯店眺望對面的柏瓷‧阿拉伯塔飯店，被公認為最佳位置。

位於柏瓷‧阿拉伯塔飯店二樓的咖啡館，以華麗的大型地毯作為主要裝飾，充滿伊斯蘭情調。

經典咖啡館

Mina A'Salam
米納・阿薩蘭(阿拉伯皇宮飯店)

🚕 從杜拜港(Dubai Creek)搭計程車大約15-20分鐘

🏠 Madinat Jumeirah，Dubai

📞 (971)4-3668888

🕐 10:00～24:00

@ http://www.jumeirahinternational.com/

在阿拉伯皇宮飯店喝咖啡，連咖啡杯和盛裝餅乾的器皿，都以銅質和金色為主。

在杜拜，每個人都夢想住宿於七星級的柏瓷・阿拉伯塔飯店(Hotel Burj Al Arab)，盡情享受奢華的阿拉伯世界。然而欣賞這家飯店的建築風采，卻有其他不同的角度。

其中，視野最佳的是位於對面人工棕櫚島(Palm Island)的米納・阿薩蘭(Mina A' Salam)。「Salam」的阿拉伯文意思是「和平」，由於此飯店樣式仿照古代的阿拉伯皇宮而建，所以又稱為阿拉伯皇宮飯店。

阿拉伯皇宮飯店的外觀與內部裝飾，都充滿濃厚的阿拉伯風格，置身其間、彷彿走進一千零一夜的故事場景。此飯店附設的咖啡館都擁有極佳的視野，坐在這裡喝咖啡，可以清楚地眺望柏瓷・阿拉伯塔飯店全景，並且感受阿拉伯人悠閒的生活風情。

充滿伊斯蘭風味的阿拉伯皇宮飯店，令人有置身於古代宮殿的時空交錯之感。

阿拉伯皇宮飯店屬於朱美拉古城(Madinat Jumeirah)範圍內，此處的建築物都分佈在沙漠最奢侈的綠洲之中。除了2003年9月開幕的阿拉伯皇宮飯店，還有一家Al Qasr飯店、私人別墅、阿拉伯市集(souk)、餐廳、酒吧和咖啡館……等。

阿拉伯皇宮飯店擁有「阿拉伯的威尼斯」之美稱，原因是飯店內闢有一條長達3.7公里的人工運河，綠波盪漾的水道與阿拉伯灣相互映對，完全顛覆世人對於沙漠的印象。

在阿拉伯皇宮飯店，可以搭乘小船在蜿蜒的運河中穿梭，或者沿著木板舖設的步道，漫步前往柏瓷・阿拉伯塔飯店、水公園(Wild Wadi Water Park)、朱美拉海灘飯店(Jumeirah Beach)等。這些區域同屬於朱美拉國際集團經營，必須住宿其中一家飯店方可利用其設施。

在阿拉伯皇宮飯店喝咖啡，以位於木造陽台上的咖啡館最為經典，採用阿拉伯陶甕、銅壺、水煙筒、帳篷、坐墊等加以佈置而成。在此喝咖啡，還可像阿拉伯人一樣半躺半臥地抽著水煙，沉醉於神秘的中東世界。

位於柏瓷·阿拉伯塔飯店的二樓
中庭，以金色奢華為設計主題，
搭配高科技的大型噴泉。

1 在阿拉伯皇宮飯店範圍內，可以搭船暢遊人工運河，並且欣賞柏瓷‧阿拉伯塔飯店的姿影。

2 洋溢著休閒氣氛的朱美拉海灘飯店，是曬太陽喝咖啡的最佳地點。

3 在杜拜街頭，經常可見穿著白色阿拉伯服裝的男性，坐在一起喝咖啡搭配點心。

4 擁有阿拉伯威尼斯之稱的人工運河，沿著河畔都是露天餐廳兼咖啡館，坐在這裡喝咖啡，彷彿置身於歐洲水都。

5 在杜拜喝咖啡，可以看到身穿白袍的阿拉伯男性和穿著黑袍的女性，形成有趣的對比。

6 坐在杜拜霍爾河畔的咖啡座，可以一面喝咖啡一面欣賞落日美景，充滿庶民生活情調。

7 這種造型特殊的長柄銅質容器，是調煮阿拉伯咖啡的主要工具。

ISTANBUL

在伊斯坦堡街頭，經常可見當地男性一小口、一小口
地啜飲咖啡，一坐就是一整天。

伊斯坦堡
Istanbul

啜一小口咖啡、談一整天的話

文字・攝影：王瑤琴

在伊斯坦堡的傳統咖啡館，可以一邊喝咖啡、一邊抽水煙。

土耳其咖啡是將咖啡粉、肉桂粉和糖水，放進附有長柄的銅製鍋具煮成。

在伊斯坦堡的藍色清真寺周遭，林立著許多土耳其傳統咖啡館。

　　土耳其人喜歡喝咖啡的習慣，起源於君士坦丁堡時期。16世紀左右，奧圖曼土耳其人西征，使得咖啡文化從巴爾幹半島傳入維也納和其他歐洲國家。

　　土耳其咖啡(Turkish coffee)堪稱歐洲咖啡和咖啡文化的始祖，但是土耳其的咖啡最早卻從阿拉伯半島的葉門所傳入。16世紀初，擁有「黑珍珠」或「黑金」之稱的咖啡，被當作貢品送進蘇丹的皇宮，之後在伊斯坦堡出現土耳其第一家咖啡館，當時只有皇室貴族和名流才喝得起咖啡。

　　目前來到伊斯坦堡，到處都可看到土耳其傳統咖啡館或露天咖啡座，但是在此喝咖啡的客人仍以男性為主。土耳其雖然是開放的伊斯蘭國度，但是當地女性並不會單獨坐在公共場所喝咖啡。在伊斯坦堡的傳統咖啡館內，可以看到當地男性一邊喝咖啡、一邊輪流抽著水煙。土耳其人喝咖啡時，喜歡一小口、一小口地啜飲，並且融入政治、八卦或占卜……等各種話題，因此只要一杯小小的咖啡，就足以消磨半天或一整天的時光。

　　土耳其咖啡的特色不在於咖啡的品質，而是其特殊的煮法。土耳其咖啡的煮法，是將咖啡粉和肉桂粉、糖水放進附有長柄的銅製鍋具，然後放在爐子上一邊煮、一邊攪拌，等到冒出泡沫後，先將上層的泡沫液倒入杯子，之後繼續煮沸，再將咖啡一起倒進杯子裡。土耳其咖啡喝完後，嘴裡會有一種沙沙的感覺，而咖啡杯底部也沉澱著一層厚厚的殘渣。當地婦女喜歡將留有咖啡渣的杯子反蓋在盤子上，然後根據殘渣流下來的形狀，以占卜運氣。

　　在伊斯坦堡，除了聚集在咖啡館聊天或玩牌以外，幾乎每個家庭都有飯後喝咖啡的習慣；而傳統的土耳其人相親時，還會以婦女煮咖啡的手藝作為挑選標準。由此可知，咖啡文化對於當地生活具有深刻的影響。

ISTANBUL

在伊斯坦堡街頭，也可以找得到現代咖啡館的招牌。

穿梭於伊斯坦堡街頭的小販，背著造型特殊的器具，出售阿拉伯咖啡或紅茶

充滿歐洲風味的露天咖啡座，呈現出伊斯坦堡的多樣風情。

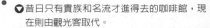
昔日只有貴族和名流才進得去的咖啡館，現在則由觀光客取代。

伊斯坦堡小型民宿的頂樓，也是喝咖啡的好地方。

由清真寺改造而成的咖啡館，是享用土耳其咖啡和美食的最佳去處。

Turkish coffee

這種造型奇特的銅質水壺，被用來當作盛裝咖啡的容器。

在大型飯店附設的咖啡館，可以看到土耳其咖啡現場製作的情景，以及特殊的調煮道具。

伊斯坦堡民宿所供應的早餐，並不亞於外面的咖啡館。

從高處俯瞰篷頂市集，
可以清楚看到廊道上擺滿咖啡館桌椅，
頗具阿拉伯風味。

南塞浦路斯
Southern Cyprus

洋溢著希臘風格的咖啡屋

文字・攝影：王瑤琴

　　塞浦路斯(Cyprus)共和國位於地中海，地理位置在希臘和土耳其之間，目前分成兩個國家，北塞浦路斯由土耳其管轄，中間隔著一道綠色防線(Green Line)。南塞浦路斯居民主要為希臘裔，多半信奉希臘正教；北塞浦路斯居民主要為土耳其裔，多半信仰伊斯蘭教。從希臘出發可以抵達南塞浦路斯，從土耳其只能進入北塞浦路斯。

　　南塞浦路斯面積比較廣闊、生活也比較富裕，由於受到希臘文化影響，當地的建築景觀和人文情調都洋溢著濃厚的希臘風格。南塞浦路斯的首都是雷芙柯西亞(Lefkosia)，這座城市裡面的舊市街有一道圍牆，就是用來劃分南、北塞浦路斯的綠線，現在由聯合國和平部隊在此駐守。透過這道防線，可以窺見1974年希臘裔和土耳其裔居民發生戰爭時遺留下來的痕跡。

　　在雷芙柯西亞，雖然戰爭的陰影揮之不去，但是南塞浦路斯人的日常生活中，仍舊充滿輕鬆和悠閒的態度。走在舊市街的人行步道，可以看到許多人坐在這裡喝咖啡，其中也包括有土耳其咖啡。

　　在南塞浦路斯，最受歡迎的城市是拉爾納喀(Larnaka)，此地濱臨地中海，沿著海濱大道、屹立著許多度假旅館、餐廳和咖啡館。在拉爾納喀，建築物外觀以白色為主，並且搭配藍色或黃色窗櫺。當地人喜歡在窗台種植美麗的花草，午後時分、散步來到面向海灣的露天咖啡座，品嚐濃醇的希臘咖啡或義大利卡布奇諾。

　　除此之外，位於南塞浦路斯山區的特羅德斯(Troodos)，裡面分佈著許多拜占庭式教堂、以及充滿中世紀風情的村落，被聯合國教科文組織列為世界遺產。在特羅德斯，不僅可見南塞浦路斯最高級的飯店咖啡館，可以看到穿著黑袍的東正教士和當地居民，坐在一起喝咖啡或喝酒，構成一幅特殊的畫面。

南塞浦路斯與希臘淵源較深，傳統建築風格以白色為主，並且在戶外擺設陽傘和露天咖啡座。

Lefkosia Southern Cyprus
Troodos
Southern Cyprus

1 南塞浦路斯出產的陶磁器皿,具有明朗的色彩和主題,是用來喝咖啡的最佳器具。

2 位於山區的特羅德斯,偶爾可見穿著一身黑袍的老婦人,獨自坐在門口喝咖啡兼曬太陽。

3 位於山區的特羅德斯,可以看到穿著黑袍東正教士和當地人坐在一起喝咖啡或喝酒聊天。

4 在南塞浦路斯,充滿現代感的咖啡館,不僅以明亮的設計取勝,也是可以喝咖啡兼上網的地方。

5 位於陽傘下的咖啡館,搭配街道上的美麗花台,構成一幅南塞浦路斯的咖啡風景。

6

7

8

9

10

11

6 位於雷芙柯西亞的咖啡館,多具有味美價廉的特色,供應有咖啡和傳統美食。

7 位於南塞浦路斯山區的特羅德斯,是知名的避暑勝地,從咖啡館的陽台可以眺望周遭的山景。

8 坐在紅傘下的塞浦路斯人,正悠閒地享受用餐和喝咖啡的樂趣。

9 在南塞浦路斯,臨近海濱的餐廳供應有美味的海鮮佳餚和土耳其咖啡。

10 南塞浦路斯充滿海洋氣息,臨近海濱的小型咖啡館,都可看到許多打赤膊的年輕族群正在喝咖啡。

11 位於雷芙柯西亞的遊客中心附近的咖啡館,是交換當地旅遊情報的最佳去處。

Greece

Turkey

希臘·土耳其
Greece, Turkey
在這探尋咖啡最初的原味

文字·攝影：蕭慧鈺

　　原產於衣索匹亞的咖啡樹，阿拉伯半島的牧羊人在西元9世紀前在無意間發現了它的魔力，16世紀從葉門出發的的駱駝，馱著向蘇丹王獻上一袋袋的黑色種子當作珍貴的貢禮，千里迢迢地向伊斯坦堡邁進，隨著鄂圖曼帝國的勢力，咖啡的滋味也隨著蘇丹王軍隊達達的馬蹄傳及歐洲大陸，當歐洲人嚐到這奇妙的滋味之後，千方百計地從土耳其人手中偷得咖啡樹的種子，之後，挾著荷蘭大航海的霸勢，如星火燎原般，從歐洲大陸、美洲，燃起了一股無可遏抑的咖啡狂熱，咖啡文化，儼然地成了西方文化的代表之一。

　　回到東地中海這塊古老的土地，有別於刻板印象中西方的咖啡文化－法國左岸的浪漫、義大

利的熱情、以及美國式的務實速食，在歐亞交界處，擺盪於愛琴海波濤間的古典與浪漫中，來到土耳其、希臘這兩個國家，探尋咖啡最初的原味。

　　曾經受鄂圖曼帝國統治的希臘人，儘管兩方在民族意識上長久處於緊張對立的狀態，但無形中卻也有許多水乳交融地化不開來的影響，也深愛著土耳其人的咖啡，但卻拉不下面子來硬要將之另外定名為「希臘咖啡」。這種遍及希臘、土耳其一帶的傳統咖啡煮法很東方，不用洋裡洋氣的玻璃壺過濾，而是將又柔又細的咖啡粉，直接倒在金黃色長柄的銅壺中，以小火烹煮，並依個人喜好放入糖，通常糖都是一大匙一大匙地加入才符合嗜甜的希臘、土耳其人的口味。

具有2千多年歷史的雅典衛城的帕德嫩(Parthnon)神殿，是古希臘文明的象徵。

希臘、土耳其咖啡本一家，喝完之後的咖啡渣還可以用來占人算命。

至於煮咖啡的功力如何,就看火侯的控制,當煮到咖啡上層產生泡沫,不須過濾慢慢地倒入杯中,如同泥沙般的咖啡渣沉殿在杯底。輕端起杯,土耳其咖啡適合輕啜而不宜豪飲,不同於西方的咖啡,不加入牛奶的中和,土耳其咖啡的調性不是溫潤、甘甜,而是帶著一點如古代中東遊牧民族的豪氣,入口的咖啡和著些微的咖啡渣,濃郁的甜味掩蓋不住咖啡的苦味,兩種衝突的滋味在口中作了完美的結合,咖啡入喉而下,醇厚的香味彷彿隨之竄流全身。

在悠閒的東地中海,希臘、土耳其一帶的大城小鎮處處可以看到傳統咖啡廳、茶屋的蹤影,喝咖啡不只是年輕人的時尚活動,在傳統咖啡廳的門口,總是坐著不少上了年紀的男子,在這裡聊天、下棋,年輕人則喜歡聚集在廣場旁的露天咖啡座,享受地中海的陽光。好客的希臘、土耳其人總是喜歡泡上一杯傳統咖啡表示主人的歡迎之意,為了能將客人多留下來,酒足飯飽之際來上一杯咖啡後,順勢將喝完帶著咖啡渣的空杯倒扣,看著咖啡渣呈現的圖案來占卜,增添了不少聊天八卦的話題、賓主盡歡。

不管是坐在伊斯坦堡鋪著鮮紅毛毯的鄂圖曼式沙發上,耳邊傳來可蘭經的頌歌,或是在愛琴海的小島上藍白的房舍,桃紅色九重葛攀延的露台,一杯濃稠的「土耳其咖啡」也好、「希臘咖啡」也罷,不同的場景,卻同樣都是當地人們與朋友一同消磨燦爛的陽光午後不可或缺的主要角色,這一杯苦澀的甜咖啡,承載著當地人無數美好時光的回憶。

土耳其的傳統咖啡屋裡,常見當地男人悠閒地抽著水煙,快樂似神仙。

希臘愛琴海聖多里尼島上藍白相間的東正教教堂。

◐克里特島首城伊拉克利翁的露天咖啡屋,是當地
　人與好友消磨時光的好去處。

◐羅德島上具有悠久歷史的傳統希臘咖
　啡粉專賣店,散發著濃濃咖啡香。

Greece

◔聖多里尼島首城費拉的一家露天咖啡屋,陽台上的古
　希臘女神頭像彷彿默默地凝視著白色之城。

◔羅德島舊城區的老咖啡屋,午後的陽光灑進斑駁
　的木頭桌椅上,讓人彷彿跌入歷史的長河中。

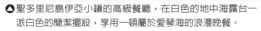

❤坐在米克諾斯島小威尼斯區的露天咖啡
座吹著海風，一旁5座可愛風車相伴。

◀聖多里尼島伊亞小鎮的
風車，面對著大海

❤克里特島位於當地市集
的傳統咖啡粉專賣店。

🔺希臘男人喜愛坐在傳統咖啡屋門口度
過一個悠閒的午後。

🔺聖多里尼島伊亞小鎮的高級餐廳，在白色的地中海露台一
派白色的簡潔擺設，享用一頓屬於愛琴海的浪漫晚餐。

▼市集中販賣的烹煮土耳其咖啡專用的長柄銅壺。

Turkey

⬆伊斯坦堡蘇雷曼尼耶清真寺內部宏偉的圓頂建築，氣氛肅穆。

⬆番紅花城中古意盎然的咖啡館。

◆曾經是教堂也是清真寺的伊斯坦堡的聖索菲亞博物館，陽光從圓頂窗戶灑入氣氛莊嚴。

◆番紅花城內正在邊喝著咖啡邊下著棋的土耳其男人。

▲坐在鄂圖曼式鮮豔的長沙發上啜飲苦中帶甜的土耳其咖啡，是回憶中土耳其的滋味。

▲位於伊斯坦堡埃及市集附近，具有百年歷史的咖啡粉專賣店。

▲昔日土耳其首都布爾沙的驛站中庭，如今成了當地受歡迎的露天咖啡座。

◀一杯份量不多的土耳其咖啡，讓人細細品嚐屬於它獨特的中東氣味。

Jerusalem

Jerusalem

耶路撒冷是世界三大宗教聖地，連喝咖啡都讓人感到神聖無比。

耶路撒冷
Jerusalem
在荷槍的巡邏軍人旁喝咖啡

文字‧攝影：王瑤琴

　　耶路撒冷是以色列的首都，也是猶太教、伊斯蘭教和天主教徒心目中永恆的聖城。

　　耶路撒冷可以分成舊城和新城，舊城交織著三大宗教的神聖氣氛，新城則充滿現代流行文化。在舊城，猶太教的聖地是哭牆（Wailing Wall）、伊斯蘭教聖地是奧瑪清真寺（Mosque of Omar）、而天主教最神聖之處是耶穌受難時走過的「苦路」（Via Dolorsa），此三種宗教聖地都相互交疊。

　　耶路撒冷舊城周圍環繞著一道城牆，並且設有8座門扉。除了黃金門是不開放外，其餘7座門扉都可進出。此外，在舊城裡面分成猶太區、伊斯蘭教區、基督教區、亞美尼亞天主教區，所以不同宗教信徒會經由不同的門扉進入。

　　在耶路撒冷的舊城，除了宗教聖地和進出的門扉不一樣，連咖啡館的風情也有所差異。其中猶太人或遊客喜歡坐在露天咖啡座，而信奉伊斯蘭教的中東人士，都到傳統的阿拉伯咖啡館，裡面可以喝咖啡並且抽水煙。

　　在耶路撒冷舊城內，雖然充滿濃厚的宗教氣氛，但是其生活文化仍然保有輕鬆的一面。在舊城中，到處可見商店、餐廳和咖啡館，比較特殊的是坐在此地喝咖啡，旁邊都有荷槍實彈的以色列軍人來回巡邏。在耶路撒冷的新城，位於鬧區的人行步道上，都設有露天咖啡座。坐在這裡喝咖啡，不僅可見裝扮時髦的青少年，也可以看到穿著軍服的男女士兵，這些以色列士兵，即使和家人或朋友一起逛街，身上都配備有槍枝。

　　前往耶路撒冷朝聖，是三大宗教信徒畢生的夢想。在這座神聖的城市喝咖啡，品嚐的不是咖啡本身的味道，而是世界上獨一無二的文化風情。

坐在耶路撒冷舊城的露天咖啡館，可以看到身穿黑色服裝的猶太人擦身而過。

在耶路撒冷街頭喝咖啡，經常可見背著槍枝的以色列軍人從身邊走過。

耶路撒冷雖為宗教聖地，但是到處可見的露天咖啡館卻洋溢著輕鬆氣息。

🔺 耶路撒冷的傳統餐廳，供應阿拉伯咖啡和餐點，可以站在吧台喝咖啡。

🔺 高級飯店附設的咖啡館，是以色列人社交和洽商的最佳場所。

🔺 耶路撒冷舊城內的咖啡館，沒有太多裝飾，在拱形門扉襯托之下，顯得風格突出。

🔻 裝飾在人行步道的彩繪磁磚，為耶路撒冷新城增添許多藝術氣息。

🔺 在氣氛莊嚴的宗教城市，也可在咖啡館前面看到裝扮特異的嬉皮人士。

Via Dolorsa

🔺 從高處俯瞰耶路撒冷，可以看到三種不同宗教的建築物相互交疊。

🔻 在耶路撒冷，點一杯卡布奇諾，是一趟既神聖又夢幻的旅行。

🔻 在耶路撒冷的新城，可以看到人行步道上擺滿咖啡館的桌椅，充滿休閒氣息。

非洲 AFRICA

Maroc

Tunisia

MAROC

MAROC MAROC MAROC

摩洛哥
Maroc
上茶館發呆喝咖啡的全民運動

文字・攝影：顧運達

　　來到了摩洛哥，對於喝咖啡這一回事可沒有如此的講究(其實也沒得選擇)，各城鎮街道上的茶館比鄰緊接而立，茶館提供Café Noir黑咖啡、Cappuccino卡布奇諾、Café au Lait拿鐵咖啡，除了這三種口味外，如果堅持要品嚐碳燒、藍山、曼特寧各式咖啡，那還真不容易尋得！

　　摩洛哥的咖啡文化是如此貧乏嗎？當然不，摩洛哥令外國遊客最難忘的莫過於這全民運動：上茶館發呆。

灰白斑薄的牆漆和帶點伊斯蘭風格的門面再擺設個幾張桌椅，這可就是一間大眾化的茶館，每天有著無數的遊人加入發呆的行列。

bonjour, ça va

人們來到茶館呆坐，不斷聽到「砰俗、沙挖」(法語的 bonjour,ça va！日安問候語)彼此熱情擁抱打招呼，看在遊客眼裡還以為事先約好的，和當地人聊天後才知道原來摩洛哥男人習慣每天固定的時間就是上茶館，點上一杯咖啡或薄荷茶。也因如此，朋友間邀約或商務上的需要，無需事前的電話約定，直接前往對方常光顧的茶館即可碰上一面。

　　為數不少的摩洛哥男人結婚後便不工作，靠政府補助金度日。只點上一杯不到台幣20元的咖啡，即可從早上開始一發呆就是數小時。沒有精緻的裝潢陳設，稍微豪華的店家就提供電視供觀看節目。

　　來到這裡享受完這一片刻慵懶的時候，可得入境隨俗，記得要請原本的服務生來買單，較大規模的茶館服務生可是有畫分區域的。回憶那個第一次的經驗自己跑去櫃檯買單，只見櫃檯人員指向服務生的方向，不會講法語和阿拉伯的臺灣客和不會說英語的櫃檯人員開始比手畫腳，引其他發呆客的側目，服務生才連忙來收費。想到摩洛哥體驗這一切，可是又不懂法語、阿拉伯語怎麼辦？別擔心，只要是破破的英文就可暢遊體驗帶點伊斯蘭風情的餐飲文化。

摩洛哥的風城Essaouira 蘇維拉雖為迷你城鎮，但整體的觀光環境設計的很完善，當然也少不了滿街的茶館。在風城品嚐咖啡，其中的滋味得靠親自來體會囉。

🔻和左圖相同亦為拿鐵咖啡，不同店家不同的調配方式。拿鐵咖啡的價格真的很低廉(不到台幣20元)，茶館提供的拿鐵咖啡可不講究牛奶與咖啡兩者顏色的花樣。

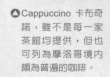

🔺Cappuccino 卡布奇諾，雖不是每一家茶館均提供，但也可列為摩洛哥境內頗為普遍的咖啡。

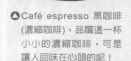

🔺Café espresso 黑咖啡(濃縮咖啡)，品嚐這一杯小小的濃縮咖啡，可是讓人回味在心頭的呢！

🔺Café au Lait 拿鐵咖啡。

1 卡薩布蘭加茶館最密集的地區則屬阿拉伯同盟公園(Parc de la Liuge Arabe)附近，雖然茶館眾多，但服務內容差異不大。

2 即使到了偏遠之處：Todra Gorge圖瓦峽谷，茶館依舊林立，但少了市區茶館的喧鬧，取而代之的是大自然最和諧的聲音以及那一份幽靜。

3 擁有濃茂樹蔭的茶館，早上時段的人氣較為冷清，但越接近下午十分生意越好。

4 發呆、看報紙、話家常這些場景在各茶館上演著，不妨停下腳步坐下來觀察眾生相。

5 擦鞋童和流動小販穿梭在各茶館間，付出少少的5-10Dh即可讓皮鞋如同新品般，雖年輕的擦鞋童不介意替女性遊客服務，但當地年長者若是瞧見為女性服務的畫面，可是會引來指責的。

6 茶館也是結交當地異性朋友的好地方，熱情的摩洛哥女孩可不希望只是交換電話號碼和地址而已哦。

◀可記得北非諜影這部黑白影片？雖然全劇未曾在摩洛哥拍攝，但以卡薩布蘭加為電影題材的北非諜影，部分茶館特地擺設了不少電影劇照來吸引遊客的駐足流連。

▲茶館成為遊客落腳休息、避避艷陽的最佳去處。不過可別因為發呆而忘了下一段行程哦。

◀最華麗高貴的茶館酒吧則為Bar Casablanca，亦販賣著電影相關商品。享用手中的咖啡之時，不妨多些想像浸淫在北非諜影德軍諜報的情節中。

MAROC

◀如遇到茶館鄰座的當地人前來聊天，不要緊張，他們大多是善意的，只是喜歡聽由外國遊客口中說出對摩洛哥的感覺，當然咖啡和薄荷茶也是當地人會推薦的飲品。

▲卡薩布蘭加的Abdellah徒步街內不少的茶館、精品店、冰淇淋專賣店亦是遊客必訪之處。

▲當地男人多喜歡坐在門外的座位區，多雙眼睛就看著來來去去的外國遊客，難免讓遊客感到不自在，但不用在意的，大膽的坐下吧。

COFFEE NEWS

◀大多茶館不提供菜單，因此坐下後直接說出想要喝的咖啡種類或可樂類的飲料即可。

Rick's Café
李克咖啡酒館

🏠 248 Bvd.Sour Jdid,Casablanca
☎ 022 27 42 07
@ www.rickscafe.ma

　　各國遊客最津津樂道的莫過於和北非諜影劇中場景一樣的李克咖啡酒館。店內的裝潢完全比照電影中的場景,惟不提供賭博。在此用上一杯香醇咖啡還真是享受。主人Kathy來自美國奧勒岡州,在此等候著各國遊客的到來。

◢◣▶欲感受最濃厚的北非諜影電影氣氛,當然就是到李克咖啡酒館,不過夜晚的場景似乎多了些李克和伊莎當年愛情分合的幻想空間。

Le Medina
梅帝納

🏠 50 Rue Normandie Maari,
　 Casablanca
☎ 022-25 25 13

◢◣◀哪怕只是來喝杯咖啡或只是到此參觀,店員可都會很開心的招待著每一位遊客呢。

　　梅帝納經營型態以餐廳與下午茶結合,超顯眼的建築吸引來往遊客注目,也是外國遊客口耳相傳喝下午茶的好地方。店家全體工作人員熱情的招呼,為在外流浪的旅人帶來點溫馨感。

Tunisia

在突尼西亞的傳統咖啡館，都可看到當地男性一邊喝咖啡一邊抽水煙。

突尼西亞
Tunisia
邊喝咖啡、邊抽水煙的阿拉伯風情

文字‧攝影：王瑤琴

德斯‧努特斯咖啡館裡面，供應有阿拉伯國家特有的水煙和咖啡。

坐在德斯‧努特斯咖啡館旁邊的平台喝咖啡，可以眺望地中海落日美景。

突尼西亞男性的一天，幾乎有半天的時間都消耗在咖啡館之中。

　　突尼西亞位於北非，古時候歷經羅馬帝國、拜占庭、阿拉伯人和奧圖曼土耳其人統治；近代以來則曾經是法國的殖民地，因此日常生活中融合有阿拉伯文化和法國情調。

　　突尼西亞的咖啡文化深受阿拉伯人影響，在首都—突尼斯(Tunis)，雖然處處可見現代咖啡館，但是當地人最喜歡卻是可以一邊喝咖啡、一邊抽水煙的傳統咖啡館。

　　這種阿拉伯咖啡館集中於舊城區—梅迪娜(Medina)，在突尼西亞每座城市幾乎都有一座梅迪娜，意思是「舊城」。位於舊城內的阿拉伯市集，不僅是購買當地手工藝品或服飾最佳去處，也是體驗阿拉伯風情的地方。

　　突尼西亞雖然屬於開放的伊斯蘭國度，但是當地婦女並不會單獨坐在公共場所喝咖啡；外出時、大部分的婦女仍然穿著寬鬆的袍服、並且用頭巾包住頭髮。在傳統咖啡館或露天咖啡座，除了外國遊客以外，在此喝咖啡的清一色是男人。

　　突尼西亞的生活步調比較慢，因此當地男性即使獨自喝咖啡，也可以在露天咖啡座消磨半天或一整天的時間。而突尼西亞女性通常是在家裡和親朋好友一起喝咖啡，她們也像土耳其女性一樣，流行用咖啡占卜或算命。

Tunisia

▶突尼西亞的大型咖啡館，牆壁上裝飾著馬賽克拼貼，充滿伊斯蘭建築風格。

▲突尼西亞的小型咖啡館，多以阿拉伯文字和壁畫作為裝飾。

CAFE·RESTAURANT

▲突尼西亞的咖啡館不用招牌，是以牆壁上的彩繪和文字為主。

　　在突尼西亞，除了首都突尼斯以外，還有許多洋溢著地中海風情的小鎮，其中位於近郊的西迪·布賽德(Side-Bousaid)小鎮，所有建築物都是白牆搭配藍窗，交織著安達魯西亞和伊斯蘭風格，是當地藝術家、畫家和詩人聚集之地。在西迪·布賽德小鎮，有幾家阿拉伯咖啡館和露天咖啡座，每到黃昏時刻，就有許多突尼西亞人或遊客，前來此地喝咖啡、並欣賞地中海的落日美景。

▶傳統咖啡館的佈置雖然並不華麗，但是牆壁上的彩繪卻充滿阿拉伯風味。

仿造伊斯蘭清真寺而建的飯店大廳，
具有濃厚的阿拉伯風情，
是喝咖啡的最佳去處。

▷突尼西亞的咖啡館常客
都是男性，根據伊斯蘭
教傳統，女性不能單獨
在公共場所喝咖啡。

▽坐在街頭喝咖啡兼曬太陽，是突尼
西亞男性的專利。

▲在突尼斯最熱鬧的街道上，裝飾著燈光招牌的
咖啡館，是當地人站著喝咖啡的地方。

▲位於突尼西亞的沙漠地
帶，從高級飯店附設的
頂樓咖啡館，可以看到
地面裝飾著幾何形圖
案。

▲充滿海濱渡假氣氛的小鎮，連咖啡
館也顯得無比愜意怡然。

經典咖啡館

Café des Nuttes
德斯·努特斯咖啡館

從Sidi Bou Said火車站步行約10分鐘
Rue Habib Thameur，Sidi Bou Said
71-749-661
8:00-24:00

位於突尼斯近郊的西迪·布賽德(Sidi Bou Said)小鎮，是藝術家、工匠、詩人和作家聚集之處。

德斯·努特斯咖啡館是本地最具代表性的咖啡館，座落在上坡道盡頭，從街道另一端即可望見其姿影。此咖啡館外觀以白牆藍窗為主，門廊上方懸掛著白色鳥籠，佈滿阿拉伯式的裝飾風格。

在突尼西亞，其生活受到歐洲和阿拉伯文化影響，當地人曾以養鳥作為一種流行時尚，因此發展出當地特有的鳥籠。突尼西亞鳥籠利用橄欖木製成，造型仿自伊斯蘭清真寺，有的漆成白色，有的則保留原木色澤。目前這些鳥籠並不用來養鳥，而是被當作裝飾品或藝術品掛在門口。

走進德斯·努特斯咖啡館，可以看到內部擺設簡單的桌椅、地毯和坐墊、銅燈、銅壺、水煙筒……等，具有濃厚的阿拉伯風味。這家咖啡館供應有阿拉伯咖啡和水煙，因此空氣中經常飄浮著迷濛的煙霧與特殊香味。

在德斯·努特斯咖啡館，當地人喜歡半躺半臥於地毯靠墊上，一邊喝咖啡、一邊抽水煙；但是外國遊客卻偏愛坐在戶外的平台上喝咖啡、曬太陽，呈現出兩種截然不同的咖啡風情。

位於德斯·努特斯咖啡館旁側的平台，擺設著許多小圓桌，以藍白相間構成。坐在此處喝咖啡，既可眺望地中海的落日景致，也可欣賞小鎮街道兩側的美麗房宅，令人有恍若置身安達魯西亞之感。

德斯·努特斯特咖啡館外觀以藍白為主，充滿濃厚的安達魯西亞風味，深受當地人和遊客喜愛。

1 在充滿地中海風情的海濱旅館，可以透過白色拱門看到游泳池畔附設有喝咖啡的桌椅。

2 在各地的阿拉伯市集，都可看到突尼西亞男性坐在傳統咖啡館，抽水煙兼喝咖啡。

3 位於突尼西亞的沙漠區，其建築物樣式和色彩都具有沙漠風格，在戶外擺設有露天咖啡館。

Melbourne

澳洲AUSTRALIA

Melbourne

沿著墨爾本市區的亞拉河畔，都是充滿休閒氣氛的咖啡館和餐廳。

墨爾本 Melbourne

開著法拉利來喝咖啡

文字・攝影：王瑤琴

墨爾本兼具有海濱和河川之美，此地街道兩旁林立著外觀古典的建築物，日常生活中融合雅痞文化與多元種族情調，是澳洲最具歐式風格的城市。

在墨爾本，有一條雅痞街(Chapel Street.)，是獨領風騷的流行之區。這條街上，充斥著各種主題咖啡館和餐廳，來到此地喝咖啡或用餐的客人，都是開著保時捷、法拉利或雙B高級轎車的時髦男女。

坐在雅痞街喝咖啡，是一種時尚的象徵，與其說是欣賞別人，不如說是讓自己變成街道上最特殊的風景，以吸引眾人的目光。在雅痞街，當地人最喜歡喝的是義大利咖啡，從早餐開始，就有許多雅痞或上班族，坐在咖啡館內或陽傘下的座椅，品嚐香濃咖啡和各式糕點。

與雅痞街形成強烈對比的布朗史維克街(Brunswick Street.)，是墨爾本最具異國風情的街區。這條街道上，屹立著許多漆成地中海藍、鵝黃或橘紅的房舍，其街角轉彎處，擺飾著馬賽克拼貼的裝置藝術品。位於布朗史維克街的咖啡

館，有的佈置成土耳其情調，有的散發出波希米亞風。在此可以喝到阿拉伯咖啡，並且與裝扮怪異的路人擦身而過。

在墨爾本，隨著雅痞文化的流行，當地旅館亦呈現出頂級的雅痞風。有的旅館一進門就是喝咖啡的地方，反而找不到辦理住宿登記的櫃台。另外還有旅館內不附設餐廳或咖啡館，原因是周遭有太多喝咖啡或用餐的最佳去處。

墨爾本人喝咖啡時，喜歡配上甜點或糕餅，所以在墨爾本有一條艾藍街(Acland Street.)，是當地最有名的甜點街。在這裡，品嚐猶太糕餅、土耳其甜點或東歐糕點，搭配一杯義大利黑咖啡，是當地人活力的泉源。

在充滿陽光的咖啡館前面，
連草地上都躺著許多曬太陽的年輕人。

1 從墨爾本水族館附設的咖啡座，可以透過玻璃帷幕看亞拉河與河畔的咖啡館景觀。

2 坐在咖啡館的角落，可以欣賞海岸美景，並且渡過悠閒的午後時光。

3 在墨爾本的雅痞街，從咖啡館往外看，又是截然不同的景致。

4 位於聖科達海岸的餐廳兼咖啡館，以明亮的設計和舒適的座椅靠墊，營造出最佳氣氛和空間。

5 入夜以後的咖啡館，從牆壁裝飾的鏡面透射出幽暗的燈光，營造出特殊的喝咖啡氣氛。

6 坐在吧台喝咖啡，可以在咖啡的話題中，展開人與人之間的互動與交流。

墨爾本的咖啡館多在戶外擺設有桌椅，當地人喜歡坐在這裡曬太陽喝咖啡。

臨近聖科達海岸的艾藍街，是墨爾本的甜點聖地，此地供應有口味獨特的猶太甜點。

COFFEE NEWS

Melbourne

在充滿現代流行風潮的雅痞街，有許多人開著高級跑車來到此地喝咖啡。

在墨爾本的亞拉河畔，所有的咖啡館都面向河岸而坐，黃昏以後是欣賞夜景最佳去處。

◑ 坐在車水馬龍的街道旁喝咖啡，已經成為墨爾本人日常
生活習慣之一。

◑ 位於雅痞街的咖啡
館是散播流行訊息
的地點，在此可見
墨爾本人最現代的
生活面。

◓ 充滿異國文化的布朗史維
克街，在頹廢風情中隱藏
著一股藝術氣息。

Acland Street.

◑ 在購物拱廊的角落，簡單
的幾張桌椅，就可以構成
墨爾本咖啡館的風景。

◑ 在布朗史維克街，可以看
到街道兩旁的建築物，漆
以各種鮮明的色彩。

Brunswick Street.

由裁縫店兼營的餐廳和咖啡館，是墨爾本的
複合式餐廳中，最值得前往體驗之處。

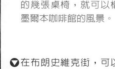

🏠 Vaclavske nam 25・
Prague1

📞 224-215-387

布達佩斯 p.41
Ruszwurm

🏠 Szentharomsag utca 7

📞 3755284

布達佩斯 p.41
Café Gerbeaud

🏠 Vorosmarty ter 7

📞 4299000

也納 p.31
Central

咖啡屋

rengasse14

)533-37-6326

阿姆斯特丹 p.45
Metz & Co

🏠 Leidestraat 34

📞 5207048

阿姆斯特丹 p.45
Café de Jaren

🏠 Nieuwe Doelenstraat 20

📞 6255771

巴 黎 p.22
Le bar du Train Bleu

藍火車咖啡館

Seine

🏠 Place Louis Armand
75012 Paris

📞 01 43 43 09 06

巴 黎 p.24
Café Saint - Sèverin

聖・賽芙琳咖啡館

🏠 3, place Saint Michel
75005 Paris

📞 01 43 54 19 36

巴 黎 p.26
Café Escalier

樓階咖啡館

🏠 105, rue du Faubourg
Saint-Denis
75010 Paris

📞 01 48 00 83 44

葡萄牙 p.67
Café Santa Cruz

聖十字咖啡館

🏠 Prace 8 de Maio 1-
6・Coimbra

📞 239-833-617

摩洛哥 p.173
Rick's Café

李克咖啡酒館

🏠 248 Bvd. Sour Jdid,
Casablanca

📞 022 27 42 07

摩洛哥 p.173
Le Medina

梅帝納

🏠 50 Rue Normandie
Maari, Casablanca

📞 022-25 25 13

突尼西亞 p.179
Café des Nuttes

德斯・努特斯咖啡館

🏠 Rue Habib Thameur・
Sidi Bou Said

📞 71-749-661

杜 拜 p.145
Mina A'Salam

米納・阿薩蘭
(阿拉伯皇宮飯店)

🏠 Madinat Jumeirah・
Dubai

📞 (971)4-3668888

世界
經典咖啡館
分布圖

北海道 p.123
海貓屋
🏠 北海道小樽市色內
2-2-14
📞 0134-32-2914

北海道 p.123
舊英國領事館咖啡廳
🏠 北海道函館市元町
33-14
📞 0138-27-8159

京 都 p.127
Second House
🏠 京都市中京區東洞
院通蛸藥師上ル
📞 075-231-1717

紐 約 p.79
Caffé Reggio
🏠 119 MacDougal St
📞 (212)475-9557

紐奧良 p.85
Café DU MONDE
度夢咖啡館
🏠 1039 Decatur Street
📞 1-800-772-2927

西雅圖 p.89
Starbucks
創始店
🏠 1912 Pike Place

舊金山 p.95
Vesuvio Café
🏠 255 Columbus Ave.
San Francisco
📞 (415) 3623370

舊金山 p.99
Café Trieste
🏠 609 Vallejo street
San Francisco
📞 (415) 3926739

世界32個城市咖啡館

Coffee, Please!!

| 編　著 | 太雅生活館 |
| 美術設計 | 鮑雅慧 |

| 總 編 輯 | 張芳玲 |
| 書系主編 | 劉育孜 |

太雅生活館 編輯部
TEL：(02)2880-7556　FAX：(02)2882-1026
E-MAIL：taiya@morningstar.com.tw
郵政信箱：台北市郵政53-1291號信箱
網頁：www.morningstar.com.tw

發 行 人	洪榮勵
發 行 所	太雅出版有限公司
	111台北市劍潭路13號2樓
	行政院新聞局局版台業字第五○○四號
分色製版	知文企業(股)公司 台中市工業區30路1號
	TEL：(04)2358-1803
總 經 銷	知己圖書股份有限公司
	台北分公司 台北市羅斯福路二段95號4樓之3
	TEL: (02)2367-2044　FAX: (02)2363-5741
	台中分公司 台中市工業區30路1號
	TEL: (04)2359-5819　FAX: (04)2359-5493

郵政劃撥	15060393
戶 　名	知己圖書股份有限公司
初 　版	2005年8月1日
定 　價	330元

（本書如有破損或缺頁，請寄回本公司發行部更換）

ISBN　986-7456-47-5
Published by TAIYA Publishing Co.,Ltd.
Printed in Taiwan

國家圖書館出版品預行編目資料

世界32個城市咖啡館 / 太雅生活館編著. ——
初版. ——臺北市：太雅，2005【民94】
面：　公分. ——（世界主題之旅：19）

ISBN 986—7456—47—5（平裝）

1.咖啡 2.飲食—文化 3.咖啡館

538.74　　　　　　　　　　　　94010265

　　很高興您選擇了太雅生活館(出版社)的「個人旅行」書系，陪伴您一起快樂旅行。只要將以下資料填妥後回覆，您就是太雅生活館「旅行生活俱樂部」的會員。

19

這次購買的書名是：世界主題之旅／**世界32個城市咖啡館**

1.姓名：＿＿＿＿＿＿＿＿＿＿＿　性別：□男 □女

2.出生：民國 ＿＿＿ 年 ＿＿＿ 月 ＿＿＿ 日

3.您的電話：＿＿＿＿＿＿＿　地址：郵遞區號□□□＿＿＿＿＿＿＿＿
　　　　　　　　　　　　　　　　　　＿＿＿＿＿＿＿＿＿＿＿＿＿＿＿

　　E-mail：＿＿＿＿＿＿＿＿＿＿＿＿＿＿＿＿＿＿＿＿

4.您的職業類別是：□製造業 □家庭主婦 □金融業 □傳播業 □商業 □自由業
　　　　　　　　　□服務業 □教師 □軍人 □公務員 □學生 □其他＿＿＿

5.每個月的收入：□18,000以下 □18,000~22,000 □22,000~26,000
　　□26,000~30,000 □30,000~40,000 □40,000~60,000 □60,000以上

6.您從哪類的管道知道這本書的出版？□＿＿＿＿報紙的報導 □＿＿＿＿報紙的出版廣告
　□＿＿＿＿雜誌 □＿＿＿＿廣播節目 □＿＿＿＿網站 □書展 □逛書店時無意中看到
　的 □朋友介紹 □太雅生活館的其他出版品上

7.讓您決定購買這本書的最主要理由是？ □封面看起來很有質感
　□內容清楚資料實用 □題材剛好適合 □價格可以接受
　□其他＿＿＿＿＿＿＿＿＿＿＿＿＿＿＿＿＿＿＿＿＿＿＿＿＿＿＿＿＿＿＿

8.您會建議本書哪個部份，一定要再改進才可以更好？為什麼？
　＿＿＿＿＿＿＿＿＿＿＿＿＿＿＿＿＿＿＿＿＿＿＿＿＿＿＿＿＿＿＿＿＿＿＿

9.您是否已經帶著本書一起出國旅行？使用這本書的心得是？有哪些建議？
　＿＿＿＿＿＿＿＿＿＿＿＿＿＿＿＿＿＿＿＿＿＿＿＿＿＿＿＿＿＿＿＿＿＿＿
　＿＿＿＿＿＿＿＿＿＿＿＿＿＿＿＿＿＿＿＿＿＿＿＿＿＿＿＿＿＿＿＿＿＿＿

10.您平常最常看什麼類型的書？□檢索導覽式的旅遊工具書 □心情筆記式旅行書
　□食譜 □美食名店導覽 □美容時尚 □其他類型的生活資訊 □兩性關係及愛情
　□其他＿＿＿＿＿＿＿＿＿＿＿＿＿＿＿＿＿＿＿＿＿＿＿＿＿＿＿＿＿＿＿＿

11.您計畫中，未來會去旅行的城市依序是？1.＿＿＿＿＿＿＿　2.＿＿＿＿＿＿＿
　3.＿＿＿＿＿＿＿ 4.＿＿＿＿＿＿＿ 5.＿＿＿＿＿＿＿

12.您平常隔多久會去逛書店？ □每星期 □每個月 □不定期隨興去

13.您固定會去哪類型的地方買書？ □連鎖書店 □傳統書店 □便利超商
　□其他＿＿＿＿＿＿＿＿＿＿＿＿＿＿＿＿＿＿＿＿＿＿＿＿＿＿＿＿＿＿＿

14.哪些類別、哪些形式、哪些主題的書是您一直有需要，但是一直都找不到的？
　＿＿＿＿＿＿＿＿＿＿＿＿＿＿＿＿＿＿＿＿＿＿＿＿＿＿＿＿＿＿＿＿＿＿＿

填表日期：＿＿＿＿ 年 ＿＿＿＿ 月 ＿＿＿＿ 日

太雅生活館

有 行 動 力 的 旅 行 ， 從 太 雅 生 活 館 開 始